적은 생활, 작은 철학, 낮은 공부

적은 생활, 작은 철학, 낮은 공부

지은이 / 김영민
펴낸이 / 조유현
편 집 / 이부섭
디자인 / 박민희
펴낸곳 / 늘봄

등록번호 / 제300-1996-106호 1996년 8월 8일
주소 / 서울시 종로구 김상옥로 66, 3층
전화 / 02)743-7784
팩스 / 02)743-7078

초판 발행 / 2022년 9월 10일
 2 쇄 발행 / 2022년 11월 30일

ISBN 978-89-6555-102-7 03100

적은 생활
작은 철학
낮은 공부

김영민 지음

늘봄

차 례

적게, 작게, 낮게

공부의 밑절미는 생활이 되어야 합니다. 이게 가장 효과적이며, 또 그래야만 공부의 전일성을, 그 불이(不二)의 통전을 희망할 수 있습니다. 인(因)이 이미 내 것이 아니라면, 생활의 양식을 재구성해서 그 성취에 유익한 연(緣)을 몸에 앉혀야 하는 게지요.

그 생활은 적어야 합니다. 이 대목에서, 대학들이, 그리고 그 속에서 길을 얻고자 하는 세상이 길을 잃지요. 분방(奔放)하고 번란해서는 아무 결실을 기대할 수 없습니다. 집중과 지속성, 혹은 정(精)과 숙(熟)이 없이는 졸부이거나 소비자고 건달이거나 건공잡이에 불과하지요. 적고, 일매지게 갈래를 잡은 생활 속에서는 비근(卑近)한 일상의 자리들에 얹혀 있는 갖은 갈피를 분별할 수 있고, 거기에 웅성대는 이치들에 새삼스레 주목하게 되며, 이윽고 철학의 눈을 갖게 됩니다. 이 철학은 작은, 제 이름

을 가진 사유의 방식이며, 이로써 이른바 하학상달(下學上達)의 전망이
생기지요.

　담박한 생활과 비근한 사유의 집심과 근기는 오직 낮은 중심에서 생깁
니다. 이미 낮은 중심의 공부에 관해서는 여러 글에서 자주 언질하였지
만, 부랑조급(浮浪躁急)한 마음과 태도로써는 근실한 생활과 긴 호흡의
사유를 일구어낼 도리가 없지요. 낮아야 비로소 보이고, 낮아야만 멀리
갈 수가 있습니다. 인문학이나 수행의 공부길은 인간됨을 통한 개입의 실
천과 뗄 수 없이 엮여 있기 때문입니다. 그렇기에 혹 겸허(謙虛)나 빈터
(Lichtung), 허정명철(虛靜明徹) 혹은 적정(Abgeschiedenheit)을 말한다
면 그것은 곧 존재론적인 것입니다.

　생활을 줄여서 허영과 쏠림에서 벗어나고, 그제서야 드러나는 미립과
기미와 이치들에 주목해 보세요. 기명(記名)과 실제의 이론들은 이렇게
생성됩니다. 수입상과 유통상이다 못해 아예 표절의 동네 속에서 나번득
이는 짓이 이젠 부끄럽지 않나요. 그래서 낮아지고 낮아지는 게 요령이지
요. 그래야만 높아지고 깊어질 수 있습니다.

1장

적은 생활,
작은 철학,
낮은 공부

적은 생활, 작은 철학, 낮은 공부

좋은 물음은 없던 길이 드러나게 한다^{賢問開門}

좋은 물음은 없던 길이 드러나게 한다. 그러나 그 빛은 부싯불과 같아서 부싯깃이 준비되어 있지 않으면 주변은 다시 어둠 속으로 되돌아간다. 그래서 언제나 물음의 현장은 '속도'의 함수가 되는 것이다. 이런 물음이야말로 '사건'이 아닐 수 없다. 좋은 질문은 논의와 탐색이 막혔을 때 시야를 밝히고, 새로운 말의 냄새를 불러온다. 물론 이 시야를 길게 틔우고, 그 말을 붙들어내는 것은 온전히 그 물음에 참여한 인간들의 몫이다. 호흡으로써 기맥(氣脈)을 틔운다고들 하는 것처럼, 좋은 물음으로써 정신의 길, 혹은 말의 길을 틔울 수 있는 것이다.

어리석은 물음은 문을 닫아버린다^{愚問閉門} 1

어리석은 인간들은 악마구리처럼 말(言)의 문을 닫아버린다. 사방에
제 흠(欠)과 배설물을 흩뿌리는 아이처럼 제가 하는 짓에 깜깜하다. 그
(녀)는 말을 늪으로 만들면서 물귀신이 되어 허우적거린다. 한 줌의 뇌
와 버얼건 주둥이로 팽팽하게 살아가는 것이다. 그 어리석음으로 악마의
여리꾼이 되어 나번득이니, 좌충우돌하며 상처와 오해를 물고 다니면서
도 헤헤거리고 껄껄댄다. 아아, 어리석은 인간은 결코 바뀌지 않는다(下
愚不移).

적은 생활, 작은 철학, 낮은 공부

어리석은 물음은 문을 닫아버린다 ^{愚問閉門} 2

사소한 질문에 대한 옳은 대답은 별 게 아니다. 그러나 옳은 질문은 그 정답을 몰라
도 주요한 발견의 지침이 된다.

Edward Wilson, 「Conscience」

'나쁜 질문은 문을 닫아버린다(愚問閉門)'고 했다. 매욱함은 무엇보다
도 '문을 닫아걸고 변하지 않음(閉門不移)'인 것이다. 역시 중요한 것은
문이지, 문에서 나오는 멧돼지 한 마리나 사슴 한 마리가 아니다. 그런 뜻
에서, 종종 정답이라는 것은 (마샬 맥루한이 말한 대로) '피가 뚝뚝 듣는
살코기'와 같은 현혹이다. 이 현혹의 연관(Verblendungszusammenhang)
을 해체하지 못하면 바닷가의 옥돌에 정신을 팔 뿐 옆 대륙의 지평을 이
해하지 못한다. 좋은 대답은 어디에 이미 존재함으로써 '발견'되는 게 아
니다. 가령 뉴턴이나 아인슈타인의 이른바 '착상(着想)'은 정답이라고 할

수 있는 '어디'에 '붙어(着)' 생긴 일이 아니다. 그들은 이로써 설명의 새로운 차원을 '개창(開創)'한 셈이다. 그들은 먹음직한 멧돼지나 보암직한 사슴을 잡아 온 게 아니라 새로운 문을 열어젖힌 것이다.

그러므로 가장 나쁜 질문은 선생을, 그리고 대화상대를 자판기(自販機)—그것도 '무료'(!) 자판기—로 취급하는 내용 중심적 단답형이다. 선생이 자판기의 노릇을 참아내야 하는 시기는 학생이 유치원생 이하의 단계에 머물 때가 적당할 뿐이다. 따라서 이런 경우는 아예 절문(切問)일 리가 없으므로, 공부에 이르지 못하는 것은 말할 것도 없다. 나는 대학의 안팎에서 수없이 많은 강의와 모임을 이끄는 중에 이런 식의 자판기형—내용 중심적—단답식 질문을 적지 않게 겪었다. 물론 영특하거나 최소한 사려 깊은 학인이라면 자판기의 메뉴를 눌러서 내용물을 빼는 것처럼 돌출적인 물음을 던지지는 않는 법이다. 아니, 최소한 공부의 준비가 된 사람이라면 전래의 경사(敬師)는 아니더라도 단문단답의 교환장치 속에서 사람들의 관계를 소외시키지는 않을 테다.

도청도설(道聽塗說)의 습벽은 깊은 공부를 저해하고 듬쑥한 인끔의 육성에 독이 된다는 점은 널리 알려져 왔다. 그래서 소인지학(小人之學)의 회로를 '귀에서 입으로(始乎耳終乎口)'라고 했던 것이다. 내남없이 쉽지 않은 길이긴 하지만, 안회(顔回)의 경우처럼, 귀로 얻은 것이 속히 입으로 내닫지 않고 그 생활양식의 응하기를 통해 차분하고 야무지게 내려앉도록 애쓰는 게 요령이겠다. 도청도설의 입이 과시로 흐르기 쉬운 것처럼 자판기식 질문도 대체로 순전한 인식욕과는 거리가 멀다. 마치 한국 사회에서 영어 실력이 실전용(實戰用)이라기보다 내부 경쟁용으로 활용, 혹은 남용되고 있는 것처럼, 나쁜 질문은 대체로 사감에 얹혀 도발적이거나 반응 형성적(reactionary)이며, 넓은 뜻에서 내부 경쟁용으로 오용된다.

지식을 고쳐 지혜를 얻다轉識得智

　낯선 땅, 어느 자그마한 마을 빵집을 지나는 길이었다. 황혼은 여전히 깊었으나 남녘 태풍의 기별이 이미 공기 중에 퍼져 있었다. 마치 애증(愛憎)을 아득히 넘어 응연히 (應對)하는 식으로 힐끗 안쪽으로 곁눈을 주었다. 겨우 3평이나 될까, 거의 폐점의 표정을 품은 실내는 잔잔히 가라앉아 있고, 안쪽으로 하얗게 정장을 한 젊은 제빵사 한 사람의 모습이 훅, 내 걸음을 멈추었다. 빵을 하나 들고 불 아래 '유심히—그러므로—무심히' 비춰보고 있었다. 그녀의 가만한 자리에서 어떤 '장소'가 퍼져가고 있었다.

적은 생활, 작은 철학, 낮은 공부

無가 찾아온 날, '영혼'이 생긴 날

Le silence éternel de ces espaces infinis m'effraie.

이 무한한 공간의 영원한 침묵이 나를 두렵게 한다.

B. Pascal, 『Pensées』

내가 존재, 그러니까 무(無)의 가능성을 처음으로 체감한 것은, 아득한 옛날의 어느 날 밤이었다. 그날은 내가 '사람'이 된 날이었다. 무의 아우라가 없는 것은 아직 존재가 아니기 때문이다. 학령기 전인 것은 확실하지만, 4살이었는지 혹은 6살이었는지 분명치 않다. 나는 내 어머니의 손을 잡고 어느 곳을 걷고 있었고, 그 사이 눈을 들어 하늘을 바라보게 되었다. 청명한 야밤으로 별들이 많았다. 죄다 익숙한 존재물로, 바로 이 '존재라는 틈'의 틈입이 아니라면 아예 언급할 일이 없는 범상한 것들이었다. 나는 별(들)을 쳐다보았는데, 그 순간, 무엇인가가 내 마음을 단숨에 휘어잡았다. 이상한 말이지만 그것은 '무(無)', 무의 가능성이었다. 나와 내 어머니와 우리 주변의 모든 것이 없었을 수도 있었고, 없어질 수도 있으리라는 절절하고 공포스러운 체감이었다. 존재의 틈으로 무가 번개처럼 찾아들던 순간이었다. 내가 비로소 사람이 된 날이었다. 내게 '영혼'이 생긴 날이었다.

적은 생활, 작은 철학, 낮은 공부

옛 문을 닫지 않았기 때문이다

頓悟雖同佛

담박 깨치면 부처와 같지만

多生習氣深

삶의 오래된 버릇이 깊어

風靜波尙湧

바람은 조용해도 파도는 여전히 넘실대고

理顯念猶侵

이치는 드러나도 잡념은 여전하다

공부의 성취가 없는 이유는 오히려 새롭지 않다. 옛말처럼, '산이 아니라 개미집에 부딪혀서 넘어지는 것(不躓於山躓於垤)'이다. 사람들은 늘 같은 문턱에서 자빠지거나 되돌아가는 것이다. 이 문턱을 '생각'이라 부르기도 하고 '버릇(習氣)'이라고도 했다. 입으로 먹은 것은 늘 항문으로 빠지게 마련인 것처럼, 말이다. 비유해서, 항문이 아닌 새 문(狹き門)을 개창(開創)하려면 낡은 문(肛門)을 닫아야만 한다. 낡은 문을 닫는다는 것은 '처음의 버릇으로 되돌아가지 않아 변한 것(不返其初而化也)'이니, 문제는 자신의 낡은 문을 야무지게 닫을 수 있는가, 하는 데에 있다. 왜 공부의 진경이 생기지 않느냐고, 왜 미끄러져서 다시 옛날로 돌아와 있느냐고, 왜 새 문이 열리지 않느냐고, 물을 필요가 없다. 새 문이 열리지 않는 것은, 옛 문을 닫지 않았기 때문이다.

적은 생활, 작은 철학, 낮은 공부

직관, 이론, 비평, 지혜, 구원

In den Gebieten, mit denen wir es zu tun haben, gibt es Erkenntnis nur blitzhaft. Der
Text ist der langanhaltende Donner.
우리가 관계/개입하는 영역 속에서 번개처럼 앎이 돋는다. 텍스트는 오래 지속되는 천둥
이다.
Walter Benjamin

1. 직관

　직관(Intuition)의 위상은 늘 애매하다. 그리고 어떤 애매함은 매우 매
력/마력적이다. 대부분의 사람들이 고집스레 직관으로 기울거나 과신하
는 경향을 보이는 것은 무엇보다도 바로 이 탓일 게다. 옛말에 '그 장점
탓에 죽는 자가 적지 않다(人者不寡死於其長)'고 했듯이, 매사에 양면성
이 있으니, 직관의 눈으로 보자면 애매함의 가치도 일매지게 정리할 수
없다. 그러니까, 내 오랜 지론처럼, 애매함(Zweideutigkeit)이란 다만 군

중적 삶의 비진정성을 보이는 표지일 뿐만 아니라 창의성의 모태로서 품어야 할 대상이기도 하다.

'보이는 게 실재가 아니(Reality is not what it seems)'(Carlo Rovelli)라고 하는 것처럼, 상식에 의한 직관적 표상의 일부는 상식적 안정감과 편리함을 주는 대신 과학적 필터를 통과할 수 없다. 여태도 지구가 평평하다는 사실을 믿고 주장하는 학회(Modern flat Earth societies)가 활동 중이라니 놀랍지만, 사실의 불편에 등을 돌린 채 반사실적 직관(표상)의 쾌감을 애착하는 일은 그리 드물지 않다. 백문불여일견(百聞不如一見)이라고 해도, 이런 점에서는 듣기나 보기 어느 쪽이든 자기 생각에, 자기 표상에 혹은 자기 쾌락에 쉽게 기울어 사실의 낯섦이나 불편함에 박진하지 못하게 된다. '자아는 증상으로 구성되었다'고 했을 때, 그 증상이란 바로 스스로를 보지(알지) 못하도록 막는 맹점이기 때문이다. 물론 사적 쾌감과 편리함을 선사하는 직관적 표상을 근본적으로 저지하고 오롯이 사태의 진상에 충실하려는 가장 오래된 매체가 바로 수학이다. 가령 2,500년을 넘어서는 이집트의 『아메스』(Ahmes)나 중국 전한(前漢) 시대의 『구장산술』(九章算術) 등은 인류가 심리학적 왜곡과 굴절을 넘어서서 이념의 세계로 나아가는 첫걸음이라고 할 수 있다. 인간 정신의 장구하고 위대한 진화의 족적에서 개념화(conceptualization) 일반은 실로 놀라운 도약인 것이다.

벤야민이 철학적 탐구의 대상으로 '이념'을 말하는 것도 마찬가지다. "이념이 사물과 관계하는 것은 별자리의 형상이 별자리의 별들과 관계하는 것처럼 되어 있다. 이는 일단 이념들이 사물들의 개념도 아니며 사물들의 법칙도 아니라는 것을 말해준다. 이념은 현상의 인식에 기여하지 않으며, 또한 어떤 식으로든 현상이 이념의 존립에 관한 기준이 될 수도 없다 … 이념은 영원한 성좌(星座) 형세, '콘스텔라치온'이다."(W. 벤야민, 『독일 비애극의 원천』) 실없이 리비도에 먹힌 직관적 표상을 넘어가려고 할 때 자연과학에서의 수(數)나 철학적 탐구 속에서의 이념(Idee)의 매개를 이용하는 것은 매우 흔하고 편한 방식이다. 수나 이념은, 이를테면 유치환 시인의 '바위'처럼, "애련(愛憐)과 희로(喜怒)에 물들지 않고. … 억년(億年) 비정의 함묵(緘默)에 안으로 안으로만 채찍질하"기에 사적 직관의 동요에 물들지 않기 때문이다.

2. 이론

실은 이론(theory)이 꼭 그런 것이다. 이론을 배우는 것은 (그 경험적 비용과 감가상각에도 불구하고) 느낌의 너머로, 감각의 너머로, 상상(직관)의 너머로 나아가 실제에 박진하기 위해서다. 이런 뜻에서 이론을 배우고 그 뜻을 적용하는 것은, 수행(修行)의 과정에서 에고를 넘어가려는 실천과 닮았다. 무릇 좋은 이론이란, 개인이 자신의 경험역(經驗域)에 빠진 채 거기에서 생성된 직관적 표상들을 매개적 의심 없이 믿는 태도를 교정할 수 있게 하기 때문이다. 이론 이전의 상태란, 가령 부르주아 개인이 역사와 체계의 전체상에 등진 채로 개인의 관심사에 얹힌 대상/표상만을 떼어내어(=추상적으로, abstractum) 의탁하려는 태도와 동일하다. 말하자면 '풍경에 빠져 그 기원을 잊는' 꼴과 닮았다. 혹은 알튀세르식으로 고쳐 말하자면, 그것은 이론이 부재한 상태에서 오직 그 부재의 느낌만을 즐기는 데 지나지 못한다. 흔히 우파(右派)에게 실패한 이론이 없다는 지적에는 일리가 있는데, 우파란 근본적으로 사회적 성취와 안정의 토대 위에서 기득권을 유지하려는 집단이기 때문이다. 무릇 이론이란, 특히 사회이론이란 그저 심심한 탓에 만들어내는 게 아니다.

3. 비평

그래서 이론은, 특히 인문사회과학의 이론은 비평이 된다. 아니, 오직 비평이 됨으로써만 그 이론은 자신의 존재증명에 나설 수 있다. 흔히 오해하는 것처럼 비평의 진정한 대상은 타인이 아니다. 몸을 끄-을-고 타자(성)를 향해 나아가는 과정의 실천을 통해 자기 자신을 되돌아보게 되는 게 비평의 요령이기 때문이다. 궁극적으로, 비평이란 자신의 개입에 대한 비평으로 되돌아와야 하기 때문이다. 타자는 매개인 것이다. 자신을 통해 타인을 볼 수는 없으니, 오직 타인을 통해 자신을 알아가게 될 뿐이다. 그런 뜻에서 비평이 이론과 다른 가장 중요한 이유는 비평은 자기 자신을 문제시하는 데 있다. 역시 비트겐슈타인식으로 말해서, '자기 자신을 문제시하지 않는 인문학적 담론은 허위의 한 형식'인 것이다. 그러나 이론이 비평으로 펼쳐지는 내력에는 단지 윤리적인 차원만이 개재되고 있는 게 아니다. 자기 자신을 문제시할 수밖에 없는 인문사회과학적 이론의 경우, 엄밀히 말해, 이론과 비평은 서로 구분되지 않을 만치 얽혀있는 법이다.

식탁에 앉아 진수성찬을 즐기는 중에 누군가 '옆집은 굶고 있어'라고 말했다면, 그 말은 단순히 옆집의 사정에 대한 객관적인 묘사(Beschreibung)가 아닐 것이다. 이 서술은 이미 평가(Bewertung)를 품고 있다. 그러므로 이 발화의 진정한 뜻은 여기에 담긴 실천 혹은 실천적 지향을 통해 알뜰하게 내려앉는다. 이른바 '발화에 수반되는 행위(illocutionary act)'인 것이다. 호네트(Axel Honneth)가 자세히 분석해 놓았듯이 인식(Erkennung)이 인정(Anerkennung)을 이미 물고 들어가는 이치와 마찬가지다. 넓게 보자면 오스틴(J. Austin)의 '화행이론(Speech Act)', 그리고 한걸음 더 나아가서, 현상학적 직관(Wesensanschau)의 우선성이 이른바 차연(差延, différance)이나 흔적(trace)에 의해서 이미/언제나 침탈당하고 있다는 점 등도 결국 객관적인 인식과 주관적 개입의 사이에 가로놓인 (전통적인) 인식론적 장벽이 실은 솜(絮)처럼 알갱이 없는 것이었음을 알린다. 그러므로 늘 말해오던 대로 지행(知行)이 아니라 행지(行知)이며, 지혜의 문수보살과 실천의 보현보살은 이미/언제나 일체이며, 인간의 앎이란 인간의 삶 전체를 통한 총체적인 수행(遂行)과 뗄 수 없는 상호연관성(interconnectedness)을 맺고 있는 것이다.

4. 지혜

가라타니 고진은 "비평은 이론이 아니라 이론과 실천 사이의 거리" (『일본 근대문학의 기원』)라고 하였는데, 이 비평적 거리 속에서 실천에의 긴장을 놓치지 않는 것을 일러 비평이라고 할 수 있겠다. 여담이지만 고진의 비평론은 벤야민의 글에서 빚진 듯이 여겨져서 여기에 잠시 옮긴다. "비평이란 정확하게 거리를 두는 문제이다. 비평이 본래 있어야 할 곳은 원근법적 조망과 전체적 조망이 중요한 세계, 특정한 관점을 취하는 것이 아직도 가능한 세계이다."(『일방통행로』) 고진이 비평을 "정해진 입장이 아니라 끝없는 이동으로 존재하는 것"이라고 할 때도 이는 그저 현실 속의 실천이 갖는 변증법적(=자기 갱신적) 성격을 언급한 것에 지나지 않는다.

지혜는 무맥락적–무매개적 지식으로부터 '외출', 삶 속에 들어가는 비평적 실천과 함께 솟아나거나 쟁여진다. (그러나 결국 관건은 외출 그 자체가 아니라 외출한 이후에 다시 자신의 집으로 귀가할 수 있는가, 하는 데 있다.) 이미 지적했지만, 실천의 지평에서 동떨어진(=추상적인) 지식은 아직 '사람의 것'이 아니므로 감히 지혜는커녕 여태 비평의 자리조차 통과하지 못한 셈이다. '지식을 고쳐 지혜를 만드는 과정(轉識得智)' 전체를 비평이라고 불러도 괜찮지만, 그 모든 비평적 실천이 지혜로운 것은 아니다. 비평적 실천은 지혜를 위한 필요조건이지 충분조건은 아니기 때문이다. 더구나 정보와 지식의 문턱이 한없이 낮아진 터에, 그리고 장삼이사의 전부가 제 나름대로 비평가의 안목을 자신하고 있는 때에 '비평'이라는 이름 자체만으로는 그 무엇도 보장하지 못한다.

지혜에 이르는 비평의 요령은 우선 그 비평이 타인을 향하기 전에 자기-비평이라는 점에 있다. 그 비평적 행위의 기원과 과정 전체에 이미 자기 자신의 개입이 엄연하다는 사실을 깨단하는 게 알짬이다. 이로부터 비평은 이론을 넘어설 수 있으며 또한 이로써 무책임한 비난으로 손쉽게 나아가지 않는다. 비평의 기원 속에 이미 자기 개입이 있다는 사실을 다시 그 비평의 실천 속에 되말아 넣은 것을 일러 '밟고-끌고(踏-蹞)'의 비평이라고 부른다. 자신의 어리석음과 상처로 인한 개입의 자리를 한 발로 밟고, 나머지 한 발로써 반걸음(蹞)을 내딛는 실천이다. 벤야민이 말하는 '역사의 천사'처럼, 이 실천의 주체는 시선을 과거로 향한 채 뒷걸음을 친다. 자신의 어리석음과 자신의 상처와 자신이 만든 폐허를 잠시도 잊지 않은 채, 한 발도 아닌 반 발(蹞)의 실천으로써 미래를 꿈꾸는 것이다.

5. 구원

구원이라는 게 별스럽지 않다. 자기의식이 자신의 삶과 실천 속에서 완전히 녹아든 게 바로 구원의 징표다. 자기를 바라보는 자기의식이 소외되거나 스스로 버성기지 않으면 그것으로 좋다. 이론과 함께 이론을 넘어, 삶과 세상 속으로 지혜롭게 개입하는/응하는 실천이 열매를 맺을 수 있으면 그게 곧 구원이다. 이 열매의 핵심은 '돕기'이며, 그 모든 공부와 수행의 유일무이한 형식은 오직 '당신은 타인을 도울 수 있는가?'로 귀결한다. 그러므로 이웃(四隣)을 도울 수 없다면, 그것은 아직 아무것도 아닌 것이다.

적은 생활, 작은 철학, 낮은 공부

제 생활을 증명하는 일

한때 내가 아끼고 촉망하던 젊은 학인들이 애인을 얻고 장가를 가고 취업을 한다. (혹은 제 이론 속에 냉소의 따개비가 되기도 하고, 모모한 문학상을 받은 이후에 두더지가 되기도 한다.) 그리고는 늙고, 병들고, 종교로 물러난다. 혹은, 역시 가족밖에 없다면서 내심을 다독이기도 한다. 그러면서 바람에 얹히는 구름처럼 서서히 '공부'에서 멀어져 간다. 더러, 멀어져 가는 게 아니라고, 정교한 '변명'을 붙이기도 한다. 그러나 언제나 변명의 기회는 결렬(決裂)의 순간임을 옛날옛적에 배웠다. 나는 그들을 이해하고, 혼잣속으로 속삭이며 따뜻하게 축복한다. 그들도 제 나름으로 체계와 불화했던 청춘이었고, 인생이었던 게다.

그렇지만 불화의 느낌은 언제나 체계의 저편이 아니다. 문제는 변명이 발붙일 수 없는 생활의 튼튼한 내면을 만드는 일, 그 내면을 공부의 밑절미로 삼는 일이다. 이 알 수 없는 우주 속에서, 알 수 있는 '생활'을 얻는 일이다. 그렇게 제 공부를 증명하는 일은 제 생활을 증명하는 일이다.

어떤 공부길 1 : 장숙藏孰 1)

1. '속속'에 어느새 힘[德]이 붙어 '장숙'을 이루었습니다. 藏孰은 알다시피 '누구를 숨겼나?'라는 뜻으로, 어떤 사람들의 장소를 말합니다. 그 학인들을 '누구?' 즉 孰人이라고 부르고 있지요. 그러므로 '장숙'과 숙인은 의문형의 志向 속에서 늘/이미 생성 중인 존재입니다. 변하지 않는다면, 누구인지, 어디인지를 물을 필요조차 없기 때문이지요. 藏孰은, 어떤 사람들이 어떤 장소를 만들어가고 있는가를 묻는 의문형의 길입니다. '속속'의 공부가 늘 시(詩)를 놓지 않는 이유도 이 길 속에 있습니다.

2. 학인이 내외융통(內外融通)해서 생활에 힘과 지혜를 얻는 길은 여

---

1) '장숙(藏孰)'은 내가 지난 4~5년간 이끌고 있는 인문학 공동체(http://jehhs. co.kr/)이고, '속속'은 그곳에서 진행되고 있는 모임 가운데 하나인데, 이 글은 장숙의 역사에서 어떤 계기를 맞은 날에 내가 그 공부의 성격과 취지를 잠시 해설한 것입니다.

럿이지만, '속속' 공부에는 이를 장소와 사람의 일치로 상상하고 또 구체화하려고 애씁니다. 그래서 차(茶) 한 잔과 글 한 편을 대하는 게 같고, 방을 닦는 일과 말로 응대하는 게 다르지 않고, 혹은 약속과 낭송이 상생의 관계를 얻지요. 우리들이 사는 곳을 공부처럼 만들고, 공부를 삶의 자리에 내려 앉히는 일이 '속속'의 공부가 늘/이미 행하고 있는 실험이자 연극입니다

3. '속속'의 공부에서는 늘 인끔과 이론을 함께 얘기해왔습니다. 사람이 변하지 않으면 만사가 헛되기 때문입니다. 이론이 사람을 키우고, 사람이 그 이론을 증명할 수 있도록 애써왔습니다. 언제나 이론들은 하늘의 별처럼 많고 자기 자신의 깜냥은 더러 절망스럽게 천박하지요. 그러나 피갈회옥(被褐懷玉, 襤褸は着ても心は錦, 누더기를 입고 있어도 마음은 비단)의 꿈을 더불어 꾸면서 '반걸음, 반걸음으로 천 리를 향하고 있습니다(不積頤步無以至千里, 반걸음씩이라도 쌓이지 않으면 천 리에 이를 수 없다).'

4. 장소와 사람의 융통, 이론과 인끔의 일치, 말과 생활의 일치 등과 같이 '속속'의 공부에는 늘 불이(不二)의 지향에 힘을 써왔습니다. 그 공부의 내용을 특히 사상사와 지역학으로 대별한 것도 마찬가지입니다. 세계 사상사와 동아시아 지역학을 더불어 배우고, 그 접점 속에서 등고박람

(登高博覽)의 새로운 공부길을 염탐하고 있습니다.

5. 숙인(孰人)은 사린(四隣)의 동무 되기를 실천하는 주체입니다. 더불어 성숙하고 상생하면서 필경 자신의 삶을 그 실천 속에서 보살피고, 위안하고, 또 구제할 수 있기를 바랍니다. '藏孰'과 '속속'은 그러한 공부의 장소가 되기를 희망하면서 시작되었고, 또 그런 취지를 향해 나날이 재구성되고 있는 모임이지요. 그간 여러 가없는 노동과 이바지로 이 장소를 일구어온 이들은 오직 공부의 보람과 그 열매로 적으나마 보람을 얻을 수 있기를 빕니다.

대증요법

말을 고치려면 낭독을 일삼고, 몸을 고치려면 달리기를 하고, 버릇과 태도를 고치려면 경행(經行)과 신독(愼獨)을 잇고, 희망을 고치려면 좋은 사람을 사귀고, 공부를 하려면 절후(絶後)의 미등록-비인가 학교인 '藏孰'으로 올 것이다.

어떤 공부길 2 : 응해서 말하기

1. 대화 중에는 가급적 '하고 싶은 말'(A)을 하지 말고 '해야 할 말'(B)을 해야 합니다. 이 같은 대화상의 변침은 작은 흉내로 시작할 수 있으면서 큰 효력을 얻을 수 있는 지략이지요. A는, 비유하자면 일종의 히스테리적 상태—그저 '준비되지 않은 상태'라고 가볍게 고쳐 말해도 좋습니다—속에서 대상 선택에 실패한 채 (자기)동일시로 퇴행하는 모습입니다. 헤겔의 말처럼 퇴각으로 유지하는 전략적 자기의식은 생활 속에서 유지될 수 없습니다. 그러나 자기의식적 자기동일화의 퇴행(self-indentifying regression)을 금하라는 게 아니라, 그것이 최후의 선택이 되도록 애써야 한다는 것이지요. 자기 보호에 급급한 채 퇴행을 일삼는 짓은 결국 무슨 질문을 해도 같은 대답을 반복하는 (교조주의적 동일시에서 가장 여실히 보이는) 고착(fixation)과 닮았지요. 이를테면 A는 '사랑해'라거나 '싫어'라거나 '닮았어'라는 등속의 발화가 폭로하는 자리를 반복합니다.

A에서 B로 옮아가기 위한 훈련이 늘 말했던 '응해서 말하기'입니다. 상대의 말/질문을 유심히 듣고, 그 말이 열어놓은 길을 따라 들어가야 (아니, 들어가 보아야!) 합니다. 물지이응(物至而應)이라고 하듯, 응할 게 없으면 차라리 조용해야 합니다. 물론 이는 결코 쉬운 노릇이 아닌데, 무엇보다도 A로 가득한 자신의 에고를 자제하고 상대가 정한—자신으로서는 불리할 수밖에 없는—'언어게임'을 좇아(주어)야 하기 때문입니다. 그래도 이 어려움을 이겨내고 상대방을 좇아서, 향해서, 위해서, 응대할 수 있다면, 감히 그것은 이윽고 진리와 자비가 일치하는 불이지(不二智)의 경지까지를 상상할 수 있을 겝니다. 할 말을 다하지 마십시오. 특히 '하고 싶은 말'을 하지 않도록 하십시오. 오직 상대의 말에 응해 유심히 듣고 무심히 말하도록 애써 보십시오.

2. 다행히, 칼이 아니라 말로 상대하고 있기에 겨우 살아 있다는 자각이 드는 순간이면 이미 자신의 대화적 목숨이 다했다고 여겨야 합니다. 이 경우에는 즉시 '동정적 혜안'을 발휘해서, 무인처럼 '깨끗이 졌다(あっさり 参った)'는 태도를 '연극적으로(라도)' 갖는 게 좋습니다. '(오직) 참회를 매개로 무(無)에 접속할 수 있다'는 어느 종교인들의 말처럼, 진정한 승복 속에서 새로운 길의 개창이 생길 것이기 때문입니다. 글의 재능은 허영을 피할 수 없고, 말의 재능은 외려 말-길을 어지럽히기 마련입니다. 물론 말과 글을 쉼 없이 다듬고 벼리는 일은 학인으로서 당연한 책무

이지만, 호승(好勝)을 멀리하고 오직 이치의 길에 승복하는 것만이 대화로서의 공부를 살려내기 때문입니다. 이치의 흐름을 절벽처럼 무섭게 여기시기 바랍니다. 그리고, 자신의 이치가 어긋났다고 여기는 즉시, 그 절벽에서 떨어진 것처럼 피를 흘리십시오.

3. 기본을 다시 챙기시기 바랍니다. 우선 주어진 텍스트를 야무지게 읽어야 합니다. 텍스트를 담은 정신은 대화자의 '영혼'과 같은 것이므로, 이 기본을 놓치면 대화와 토의의 현장에서는 좀비의 신세를 면할 수 없습니다. 더불어, 늘 사전을 가까이 해서 용어나 개념을 정확히 구사하도록 애쓰기 바랍니다. 말과 글을 나날이 벼릴 수 있는 것은 공부길의 기본이면서 동시에 자신을 변화시킬 수 있는 가능성을 점치는 시금석이기도 합니다.

4. '기송(記誦)이 없이는 집을 지을 수 없다'는 말을 자주 했습니다. 공부자리에 자주 드나들면서도 생활양식의 틀이 될만한 집을 얻지 못한 사람은, 이를테면 정신의 홀게가 느슨해서 배우는 족족 마치 손가락 사이로 흘러내리는 모래처럼 망실하고 마는 것입니다. 정신의 이음과 맞춤과 붙임을 야무지게 하려면 암송을 생활화해야 하고, 바로 이 암송의 깊이에서 새롭게 생성되는 실천성을 자신의 것으로 체화해야 합니다. 대화 속의 응하기가 암송만을 전유하는 것은 아니지만, 이론들과 그 문장들을 차곡차

곡 쟁여놓고 있지 않으면 제 경험의 관견(管見)과 이데올로기화한 상식의 틀 속에 안주하게 됩니다.

어떤 공부길 3 : 유일한 종류의 지혜, 응하기

우주는 메가파섹(Mpc)당 초속 72km로 팽창하고 있다. 얼마 전에는 137억 년 전에 생성된 중력파(gravity wave)가 측정되었고, 심지어 우주의 팽창 탓에 300억 광년이나 떨어진 곳의 성운이 이제사 관측되었다. 제행무상(諸行無常)이라, 그 우주의 티끌 같은 한 모퉁이에서 아옹다옹하고 있는 우리네 인생도 무상하다. 마찬가지로 인간의 인연들과 정신도, 따라서 귀신과 환상도 변화할 것이다. 변하지 않는 것은 없다. '오직 무상(無常)만이 항상적인 것(Es ist nichts beständig als die Unbeständigkeit)'(칸트)이다. 그러므로 무상에 응하는 중에 지혜를 얻을 도리밖에 없다. 세속이라는 인간의 마당에서 얻어야 하는 유일한 종류의 지혜, 곧 응하기의 지혜(物至而應事來而辨), 말이다.

방안 통수, 방구석 여포

'응하기'는 그야말로 전부다. 미토콘드리아의 공생적 생성에서 절대정신(Absoluter Geist)(헤겔)의 자기표현에 이르기까지 우주와 그 생명의 역사는 죄다 장구한 응하기의 과정이다. 응하기를 통해 그 실효를 얻는다는 것은, 곧 삶의 자리(Sitz-im-Leben)가 늘/이미 타자의 세속이기 때문이다. 이 경우에는 신독(愼獨)마저도 (어떤) 타자(들)와의 대화다. 생각이 공부가 아니라거나, 혹은 기능적 선발로 되먹임되는 독서에 가치가 적다는 이치도, 정신의 진화와 그 덕(德)이 생활의 낱낱 속에서야 제 표현을 얻기 때문이다. 공부에 관한 한, 백 권의 책을 읽는 것보다 제 말뿐 (본)새를 고치는 게 낫다는 지적도 마찬가지다. 가령 이론이 자립할 수 없다는 것은 그것은 오직 생활 속에서야 제 이름과 가치를 얻는다는 뜻이다. 통수(통소)는 남의 귀에 들려야 하고, 여포의 창날은 적들 사이를 종횡해야만 하는 것이다.

어떤 공부길 4 : 일곱 가지

德隨量進 量由識長 故欲厚其德 不可不弘其量 欲弘其量 不可不大其識
사람의 덕은 그 깜냥을 따라 나아가고, 그 도량은 식견을 좇아 커간다. 그러므로 그 덕을
키우려는 자는 그 깜냥을 넓히지 않을 수 없고, 그 도량을 넓히려는 자는 그 식견을 키우
지 않을 도리가 없다.
「菜根譚」

　도량(度量)을 키우지 않은 채 지식만을 들이쟁이면 안 됩니다. 이는 '똥
싸고 매화타령하는 꼴'이며, 과적한 배처럼 반드시 침몰합니다. 애증(愛
憎)의 저울대에서 벗어나, 앎 그 자체의 실효성에 집중하도록 애써야 합
니다. 좋아하고 미워하는 쏠림 속에 허덕여서는 십년공부가 허송입니다.
자신의 존재가 만드는 형적(形迹)과 그 후과의 개입을 유심히 깨단해서
행위와 윤리의 들목으로 삼아야 합니다. 어리석음은 자신의 그림자에서
시작합니다. 무엇보다 자신의 기량과 솜씨를 연마하고, 이로써 주변에 도
움이 되도록 노력하십시오. 인생은 짧고, 사람은 쉽게 바뀌지 않습니다.

1. 몸의 공부

모든 것이 몸에 얹혀 있습니다. 문명도 정신도 공부도 마찬가지입니다. 공부도 몸의 분화이자 정화(精華)이며 그 열매입니다. 가령 '알면서 모른 체 하기'도 필경 이러한 몸의 이치에 터한 것입니다. 제 몸을 무시한 채 길고 깊은 공부길을 갈 수 없습니다. 우선 제 몸을 맑히고 튼튼히 하세요.

2. 인끔의 공부

'사람이 못 되면 가르치지 않는다(非人不傳)'고 했습니다. 공부는 우선 '제 자신을 구제하는 일(爲己之學)'입니다. 옛말로는 '성인에 이르는 길(學以至聖人之道)'이지요. 몸의 공부와 인끔의 공부가 실천되어야만, 대학의 제도교육이 실패한 자리를 뚫어낼 수가 있습니다. 게으름, 질투, 변명, 원념(怨念), 파약(破約), 그리고 영변(佞辯)의 악습을 버립시다. 자신의 공부를 통해 사람의 새로운 가능성을 스스로 증명하도록 애씁시다.

3. 장소(화)의 공부

공부는 스스로 밝아짐이며, 이로써 그 장소를 맑히고 이웃을 돕는 것입니다. 사린(四隣) 중에서도 특히 약자인 사물을(로써) 돕는 게 곧 장소화의 기본입니다. 휴지를 줍고, 신발을 가지런히 하며, 매사 절용(節用)하고, 껌처럼 깔려 죽은 짐승을 모른 체 맙시다. 당신의 장소가 당신의 공부를 증명합니다.

4. 비평의 공부

이론들을 배우고 익혀야 합니다. 이론들을 대화와 응하기 속에 체득해야 비평이 가능해집니다. 좋은 책을 가려 읽고, 정밀히 이해하고, 시간을 두고 묵혀야 합니다. 그 골자를 정리해서 적바림하고, 틈틈이 읽어 암송하며, 일상의 갖은 계기들 속에서 부려보아야 합니다.

5. 글쓰기의 공부

인간의 정신은 언어적 차원을 얻어 탁월해졌습니다. 언어가 없이는 사유도 불가능해진 상태이지요. '제 일을 잘하려면 우선 제 도구를 예리하게 해야 한다(工欲善其事 必先利其器)'고 했지요. 정밀하고 풍성한 사유의 훈련에 글쓰기만 한 게 없습니다. 긴 호흡으로 글을 쓰면서, 제 정신의 무늬를 가꾸어 가세요.

6. 외국어의 공부

내 방밖에 보이지 않는 정신에게, 문득 다른 방들을 열어 보여주는 게 외국어 학습입니다. 이것은 '열려있는 정신의 표상'입니다. 아울러 '장숙(藏孰)'(http://jehhs.co.kr/) 공부의 중요한 한 갈래인 '지역학'을 위한 매체이기도 하지요. 그중에서도 한문이 전공필수입니다. 한국어, 중국어, 일본어, 그리고 베트남어가 부전공 필수이며, 영어는 교양필수입니다. 이 여섯 개의 언어를 터득하지 못하면 죽을 자격도 없습니다. 당장 2020년 외국어 학습 계획을 짜고, 긴 걸음을 차분히 옮기세요.

7. 전공의 공부

비밀이 없는 삶은 뿌리가 얕은 화초처럼 메마르고, 솜씨가 없는 정신은 심심합니다. 사람의 에너지는 제한되어 있으니 공부에도 집중과 악센트가 필요하고 고분(古墳)과 같은 웅숭깊은 자리가 있어야 합니다. 그간의 공부를 기반으로 해서 '세부의 전공'을 갖추고 그 내용을 채워나가기 바랍니다.

책읽기와 집중하기

　공부는 두 가지 밖에 없다. 하나는 (좋은) 책읽기이며, 다른 하나는 여러 형식의 집중하기다. 책이 상품이 된 우리 시대의 경우에는, (쇼펜하우어의 조언처럼) '읽지 않아야/않아도 될 책들'을 잘 솎아내어야 한다. 좋은 책들도 가슴이 뛸 정도로 많지만, 나쁜 책들은 산을 뒤덮을 만치 널려 있다. 특정한 집중하기의 형식에 치우친 이들이 흔히 책을 경시하곤 하지만, 책읽기를 생략한 공부는 없다. 책을 읽는다고 바보가 되지 않는 것은 아니지만, 책을 무시하는 족족 바보가 된다.

　책읽기는 단 하나의 길이지만, 집중하기의 공부는 그 종류가 셀 수 없다. 공부, 라고 이름하든 아니든, 실은 그 모든 성취에는 열중(concentration)과 집중(attentiveness)의 내력이 자리한다. 근년에 유행하고 있는 여러 행태의 필링(feeling)과 힐링(healing)의 활동도 말하자면 자조적(自助的) 집중의 형식이다. 명상, 기도, 요가, 산책, 그리고 갖은 계파의 호흡법은 죄다 집중의 형식이며, 독서와 연구, 100m 달리기와 트리플점프(triple-jump), 글쓰기와 서예 등등도 역시 열중과 집중의 가능성에 의지한다. 열중이 에고를 일시적으로 압축해서 얻는 힘에 기댄다면, 집중은 대개 '비우기'와 결부되어 있다. 비우기와 결부되어 있는 집중의 형식들은 대체로 수도(修道)나 수양(修養)을 지향하므로 책읽기의 공부와 갈등하거나 상충하는 일이 잦다. 상식에 의하면 종교 명상적 수련은 마음을 비우고자 하지만 책읽기는 제 마음속을 '가지런히' 채우고자 하기 때문이다. 이 상식에 지핀 이들은 집중하기의 공부를 하면서 책을 멀리하거나, 혹은 책읽기를 하면서 명상 등의 활동을 백안시하는 것이다. 물론, 이것은 오해다.

책읽기 공부가 지닌 최고의 장점은 글을 매개로 삼은 덕에 합리적 이해가 가능하고, 역시 이 때문에 그 이해의 전수(傳授)가 용이해서 학교의 전통이 탄탄해진다는 것이다. 학문에서 고전과 정설(定說)이 공부의 지남으로 작동하는 것도 이런 연유에서다. 인류의 지식이 당연히 방대, 복합, 첨예해질 때에 문자매체를 통한 책(글)읽기를 생략한 채로는 그 지성의 향연에 참석할 도리가 없는 것이다. 명상이나 기도 등속으로 대표되는 집중하기의 공부에 참섭(參涉)하려는 학인은 글(책)읽기의 장점과 그 부족한 점을 살펴 자신의 실천을 꾸준히 조정해야만 한다. 수도자는—편의상 이 둘을 수학자(受學者)와 수도자(修道者)로 분별하자면—문자매체를 떠난 탓에 매사에 애매공소해지기 쉽고, 게다가 불립문자(不立文字)

류의 심오한 이데올로기에 지피기도 쉬워 자칫 공부의 절차와 방향을 놓치기가 쉽다. 게다가 전수의 매체가 불분명한 탓에 자득(自得)과 사전(私傳)에 의지하니 역시 심할 경우 몽매주의에 근접하기도 한다. 물론 자기 변화와 구제의 공부에서 그 알짬이 역시 에고-비우기란 사실을 기억한다면, 수도자의 집중하기식 수련을 놓칠 수도 없다.

4세기 밀라노의 주교였던 암브로시우스(Sanctus Ambrosius)는 "인간의 영혼이 구원받기 위해서라면 지구의 위치나 성분 따위를 연구할 필요가 없다"고 말한 바 있지만, 박문호 박사(『자연과학 세상』)는 "지구가 무엇인지를 아는 데에 인생의 전부를 걸었다"면서, "교황의 기도나 지혜가 코로나바이러스를 막아줄 수 있는 게 아니며 오직 지식만이 인간을 곤경에서 구한다"고 말한다. 이 난감한 사정은 지금에도 별다르지 않아 보인다. 문자의 합리적 배열에 얹힌 갖은 이치들을 파악하는 공부와 명상과 정화(淨化)와 수기(修己) 사이의 거리를 여태 좁히지 못하고 있는 것이다. 사적 집중하기 속에서 그 진정성을 기대하는 명상과 기도, 그리고 공적 소통 가능성 속에서 그 합리적 이치를 확인하는 책읽기 사이의 오랜 소외와 불통을 극복하려는 창의적인 노력이 어느 때보다 절실해 보인다. 문자의 합리성에 코를 박고 있는 이들은 그 각박한 가설과 이론 속으로만 인간 경험의 전부를 환원하려고 하고, 인식의 노동에 게으르고 손쉬운 비전(祕傳)에 쏠리는 이들은 사적 에고의 현란한 날갯짓에 얹혀 덩달아

부화뇌동하곤 한다. 그러나 인류가 계발하고 실천하며 전수해온 공부의 형식이 결국 이 두 가지 상이한 길로 분기해 오고 있다면, 그 현실을 인정하고 서로 간의 불신과 불통을 넘어서려는 새로운 길 위의 보행이 우리들의 몫일 수밖에 없다.

기본기 1

　공부하는 사람의 기본기는, 제 나라 말/글을 야무지게 쓸 수 있는 것이며, 반걸음(跬步)을 제대로 걷는 일이고, 응(應)함에서 모든 것을, 아무것이든 불러 모아 그 현장에서 남을 도울 수 있는 것, 등이다.

기본기 2 : 어학

　인문학 공부에서 여러 외국어를 배우는 일을 생략하지 않는 것은, 우선 모국어에 등재되지 않고 있는 정신의 길(들)을 살필 수 있기 때문이다. '미래는 인간들이 하는 말에 의해 구성된다'고 한다면, 외국어들이야말로 이미 오래된 미래들일 것이므로, 이 미래들의 미래일 것인 인간 정신의 가능성을 엿보는 일은 이런 식으로 비교적 쉽게 접근할 수 있다. 정신은, 영혼은 보이지 않는다. 그러나 인류사의 전 흐름 속에서 실핏줄처럼 번져 나간 인간의 언어들이 스치고 겹치고 나뉘는 지점들을 알아내는 것이야 말로 잃어버린 정신의 탁본(拓本)이다.

'마음의 길'로서의 외국어 학습

    어학학습은 사람의 몸을 치는 데가 있어, 장시간 애써 해보지 않은 이들에게는 설명하기 어려운 이치가 생긴다. 그 가운데 한가지가 '마음의 길'이라 부를 수 있는 것으로서, 이는 선학들이 범주(categories), 정신의 패턴, 혹은 심지어 시냅스 묶음(synaptic connections) 등으로 여긴 것들과 일맥상통한다. 예를 들어 일본어(膠着語), 중국어(孤立語), 스페인어(屈折語)는 비교적 서로 상이한 마음의 미세혈관들을 수없이 장착하고 있으며, 한 언어를 모어(母語)로 살아온 사람이 그 형식과 성격이 다른 외국어를 익힌다는 일은 곧 이같이 '상이한 마음의 미세혈관'들에 접속하거나 어렵사리 그 문턱을 넘어간다는 뜻이기도 하다. 가령 일본어로 '…과정이라는 것이라는 것이다'(人生は多くの曲折を経る過程であるということである)라는 문장이나, 스페인어로 '…좋아한다'(Me gusta caminar los domingos)는 형식의 문장이라거나 혹은 중국어로 이(而[ér])를 매개로 삼는 문장(过而改之是为不过)과 같은 것들은 비록 사소하지만 다른

이치들이 다른 마음의 길을 만들어가는 접점을 잘 드러낸다.

젊은 날 부득이하게 이래저래 영어를 가르친 일이 더러 있었는데, 나는 이 경험을 통해 영어의 접속사, 특히 관계사의 중요성과 특이성에 오래 주목할 수 있었다. 다른 글에서 이미 개괄한 적이 있으니 반복하지 않겠지만, 관계사는 응당 고립어나 교착어에서 제대로 발달하지 못했거나 그저 그 꼬리 같은 흔적(所/것/こと)만 남아 있다. 이 흔적과 같은 것으로써 길고 장황한 문장이 엮어지는 것을 보노라면 그것은 마치 진흙을 으깨어서 고층 건물을 지어내는 놀라운 수완을 연상시킨다. 그러나 필경 이 모든 차이는 곧 '마음의 길'을 어떻게 뚫고 유지/배치하는가 하는 문제가 된다. 관계사의 활용과 함께 조어(造語) 능력이 탁월한 독일어의 경우, 웅장하고 심오한 느낌까지 주는 장문의 구성은 그들이 이어온 전통적 사유의 능력이 어떤 마음의 길들에 의탁하고 있는지를 간접적으로 일러준다.

'마음의 길'이라는 것은 정신적 존재로서의 인간이 성취한 뺄 수 없는 자산이다. 마음의 길이란 아무튼 특정한 주체가 일껏 일군 것이니, 본능의 길과는 다르다. 물론 하나뿐인 길은 이미 길이 아니므로 실상 본능을 '길'이라고 부르기도 어렵다. 그래서 무릇 길이란 곧 마음의 생성과 함께 생겨나게 된다. 외진 산기슭의 자드락길을 보시라. 그 길이 생겨나기까지 얼마나 많고 다양한 발걸음들이 있었겠는가. 그리고 애초에 그 길 속으로 그 발걸음들이 회집하게 되기까지의 수많은 시행착오와 미로(迷路)의 경험을 떠올려 보시라. 사막에 길이 열리듯, 숲속으로 길이 얹히듯이 그렇게 인간 정신의 길들이 차츰차츰 생겨난 것이다. 여기에는, 길을 개창(開創)하는 사람(들)이 있으며, 그 길을 아무런 성찰도 없이 걸어가기만 하는 사람도 있는 법이다. 쉽게 예를 들자면, 사람의 생활을 밝히거나 변화시키는 개념들과 이론들이란 곧 이런 마음속의 길들인 셈이다. 사람들은 상하이나 두바이나 뉴욕의 고층 건물만을 이야기하지만, 몇몇 소수의 사람들은 마음이라는 인간존재의 보편적 매체 속에 감히 상상할 수 없는 고층의 집들과 복잡한 길들을 만들어 놓고 있는 것이며, 대중은 이 집과 길들을 마냥 못 본 척할 수 없는 날이 오고야 만다.

알다시피 인간의 정신/마음은 우선 언어적인 것이다. 인간존재와 언어성(Sprachlichkeit) 간의 연루를 주장하거나 시사하는 글이란 차고 넘친다. 해석학자들의 말처럼 인간의 이해도 단순히 활동(Tätigkeit)이 아니라 '존재사건(Seinsgeschehen)'이 된다. 그래서 마음의 길을 새로 내려는 사람은 주로 '언어적인' 노력을 경주하게 되는 법이다. 대략 인류의 화용(話用)이 100만 년 전에 시작된 사건이라고 하면 이로부터 인간은 본능의 일차원적 고속도로에서 벗어나 복잡미묘한 마음의 골목길들을 열어 간 셈이다. 그중에서도 언어, 혹은 외국어의 학습은 대표적인 경우에 해당한다. 외국어를 익히는 일을 기술적인 작업, 처세술적인 행위, 혹은 정치외교적인 가교술(架橋術)쯤으로 이해하는 것은, 언어의 뜻, 나아가서는 인간의 뜻과 가치를 놓치는 것이다. 물론, 어떻게 하느냐에 달려있긴 해도, 외국어 학습의 진정한 의미는 그 인문학적 가능성에 있는 것이다.

기본기 3 : 규칙이 너를 구원하리라

他雖然是個落魂的劍客但他的生活很有規律

그는 한물간 검객이지만 규칙적인 생활을 한다.

王家衛, 「東邪西毒」(1994)

규칙은 물론 자기 규칙, 그러니까 괴테가 얼마간 귀족의 품세를 품고 말한 바 바로 그 '자기 명령'이다. 명령을 무서워하지 않는 자의 비밀은 필경 그 명령이 자기화하는 데(Wer sich nicht selbst befiehlt, bleibt immer Knecht/스스로 명령하지 않는 자는 늘 노예로 머물게 된다) 있다. 물론 '명령의 자기화'는 명령과 자기(ego)와의 투쟁에서 자기가 주체로 거듭나는 체험을 말한다. '애욕과 원념(怨念)을 넘고 넘어~♪♪~우리는 전진한다!', 는 식으로 자기는 타자의 명령을 자기화하는 과정에서 에고의 낙동강을 영영 넘어가는 체험을 할 수 있고, 또 해야 하는 것이다. 나는 이러한 체험의 일단을 일러, 그 누구의 개념을 원용해서 '의무와 쾌락이 일치하는 경우'라고 부르기도 했다.

경우(境遇)는 무르익기 마련이다. 내가 오랜 기간 속삭여 온 '알면서 모른 체 하기'도 결국 이 경우의 숙성과 관련된다. 이는 차라리 공부의 (부)작용이다. 공부가 길어지면서 자연히 알게 되겠지만 오로지 작용만을 그리면서 공부하는 법은 없다. '그의 생활이 규칙적인 것(他的生活很有規律)'도 규칙이 존재론적 겸허에 접근하는 계기를 이루고, 이로써 인간의 정신이 '창조적 (부)작용'을 불러오기 때문이다. 나태한 자유주의의 시대에 '규칙'만큼 오해가 잦은 개념도 없다. 그러나, 규칙은 늘 규칙 이상이므로, 학인은 오늘도 규칙으로써 장도(長途)를 도모하는 것이다. '오래된 미래'를 다시 손짓하면서 부끄러움이 없이 말하자. 규칙이 너를 구원하리라.

기본기 4 : 규칙은 자신을 드러낸다

Knowledge comes, but wisdom lingers. It may not be difficult to store up in the mind a vast quantity of facts within a comparatively short time, but the ability to form judgments requires the severe discipline of hard work and the tempering heat of experience and maturity.

지식은 오지만 지혜는 머뭇거린다. 상대적으로 짧은 시간에 방대한 양의 사실을 집적하는 것은 어렵지 않다. 그러나 판단할 수 있는 능력을 키우려면 고된 노동의 훈련, 경험의 담 금질, 그리고 성숙이 필요하다.

Calvin Coolidge

규율에 의해 늘 우리를 밀고 당기는 근원적 동기 전체가 드러납니다 … 계율은 숨은 충동들을 끌어내 그것이 무엇이고 어떻게 작동하는지 보여줍니다.

Jack Angler

규칙이나 규율은 잡도리하는 것만으로 능사를 삼지 않는다. 그것의 제 1 의(義)는 자기 탐색이다. 신체나 무의식의 보상적 장치가 시사하는 것은, 이른바 '풍선효과(balloon effect)'처럼 한쪽을 묶을 경우에 다른 쪽이 열리고 풀린다는 점이다. 규율은 겉을 묶는 연극적 실천인데, 이로써 속의 가능성이 열려 숨은 충동에 얹혀 있는 자아를 알 수 있게 된다. 다만 알 수 있을 뿐 아니다. 묶임(음)을 통해 겉과 속이 융통하는 방식에 익숙해짐으로써 충동의 배치를 새롭게 배울 수 있게 된다. 물론 충동의 배치와 새로운 활용은 공부가 지닌 중요한 코드의 하나다.

불퇴 不退

항상 하는 체험이므로 그것은 … 불퇴(不退)라고 불린다.
田邊元, 『懺悔道の哲學』

학인이라도 갖은 안팎의 힘들에 휘둘려 섭동(攝動)하게 마련이다. 그래서 불퇴의 이미지는 현실에서 연역되지 않는다. 한 걸음 한 호흡 속에서 애쓰는 것이다. 애씀의 성취는 기계가 아니라 차라리 '지속가능한 유연성(sustainable flexibility)'이므로, 몸이 관건이다. 정서와 근기와 기질과 감성 등이 죄다 몸에 묶여 있어 어느새 버릇이 되고 운명이 되니, 초의식(超意識)(알면서 모른 체 하기)에까지 손을 내밀게 된다. 너는 항상 무엇을 하고, 어느 쪽을 향하고 있는가?

기본기 5 : 몸이라는 기단基壇

Most of us forget the basics and wonder why the specifics don't work.
우리들 대부분은 기본을 잊어버린 채 왜 세목이 통하지 않는 지만을 궁금해한다.
Garrison Wynn

我是能够用一个基本概念來貫穿他们
나는 하나의 기본개념을 넉넉히 사용함으로써 다른 것들을 다 통용시킬 수 있었다.
孔子

　기본기를 닦으라고들 한다. 기본이 되는 기예는 여건의 악화나 변이와 같은 생활의 불확정성에 대처할 수 있게 해줄 뿐 아니라, 실력이 높아지고 정교해가는 행로의 뒷배가 되기 때문이다. 기본이 되어 있지 않으면, 사건 사고에 일희일비하고 쉽게 좌절한다. 혹은 신석기인들의 움집이나 설계도가 없는 건축처럼 고층의 기획을 상상할 수가 없다. 예를 들어 한옥을 짓는 데에도 그 터를 닦고 기단(基壇)을 정비하는 것이 기초가 되는데, 동결심도(凍結深度)를 살펴 터를 굳히고, 더러 달고질을 하는 것도 집짓기의 기본이기 때문이었다. 이는 집을 짓든 라틴어를 배우든, 혹은 사람을 만나 사귀든 다 마찬가지다.

내 경험에 따르면 공부에도 먼저/늘 기본기를 챙겨야 한다. 기본을 갖추지 못한 채로는 입실(入室)은커녕 승당(陞堂)조차 못한 채로 중도이폐할 수밖에 없다. 젊어 게을렀고 좋은 선생을 만나지 못한 만학도가 이윽고 공부를 결심해도 쉬 좌절하는 것이 그 기본(기)이 부실하기 때문이다. 공부의 종류나 갈래마다 상이한 기본기가 있겠지만, 내 관심사에서 줄 세워본 기본기는 대략 세 가지다. 그 첫째는 늘 강조해온 '태도'다. 재능보다 태도를 앞세우는 것은, 그 포괄적 중요성 때문이기도 하지만 태도는 재능과 달리 그 자체가 공부거리이기 때문이다. 이는 곧 우공이산(愚公移山)의 정신이기도 하다. 공부는 '제 마음대로' 하는 게 아니다. 제 마음(생각)을 어떤 정해진 태도 속에 넣어 갈고 닦는 것이다.

둘째는 '언어적 감수성'이다. 공부의 태반은 말/글로써 하고, (좋은) 책 읽기야말로 공부의 가장 오래된 전통이다. 그래서 언어라는 도구를 가려 쓰는 솜씨나 감성을 키우지 않으면 공부가 깊어지기는 어렵다. 망치나 거름체나 신발이라는 도구를 사용하듯이 학인은 말/글을 사용할 수밖에 없다. 물론 잘 알려져 있듯이 말/글이 단지 도구적 대상으로 그치는 것은 아니지만 학인이라면 우선 그 도구적 효율성(instrumentality)을 높이는 데 최선을 다해야만 한다. 어떤 의미에서 공부, 특히 철학과 인문학적 공부는 나날이 말/글의 도구적 효율성을 높여 사람과 그 세상을 보다 정교하고 적실하게 잡아내는 데 있다.

마지막은 몸이라는 기단(基壇)이다. 공부가 대체로 의지의 작용/부작용이라면—물론 '의지'라는 것도 방아쇠의 일종에 불과하다는 생각이 곧 내가 말해온 '알면서 모른 체 하기'이기도 하지만—이 몸이라는 기본(기)은 그 위상이 애매하다. 태도와 언어적 감성에 비해 몸은 이른바 '자율신경적'인 성격이 농후하기 때문이다. 그래도 몸을 살펴야 하며, 이 몸의 이치를 알아 공부의 실천 속에 내재화하는 게 긴 걸음일 수밖에 없는 공부길에서는 긴요하다.

이기는 버릇

이순신 장군은 32전 전승의 기록을 남겼다. 성웅(聖雄)의 이데올로기에서 벗어나 병선과 함포, 그리고 전술 등에서 세세한 해명이 가능하다. 그러나 아직 아무도 설명하지 못한 게 있으니, 그것은 그의 '이기는 버릇'이다. 그가 파직되고 마침내 백의종군에 내몰리게 된 일도, 필경 그의 이기는 버릇 탓이다. 이 장군은 질 싸움을 피한 것이고, 이 함정에 빠진 게 바로 원균이다. 공부도 마찬가지다. 생활의 양식으로 수렴하되, 가능한 질 싸움을 피하고, 세세한 생활의 소사(小事) 속에서 이기는 버릇을 익히는 게 그 요령이다.

낮은 중심의 공부

『집중과 영혼』(2017)에서 성인(聖人)을 달인(達人)의 맥락을 통해 재해석한 바 있다. 그리고 이를 공부의 새 지남으로 삼고자 했다. 남은 일은 실천을 통해 확인하는 것이므로 학인이라면 내남없이 애써볼 것을 권하였다. 쉽게 말하면, 무엇이든 동뜨게 잘해야만 공부의 희망을 키울 수가 있는 것이다. 그러나 말할 것도 없이 성인이라면 반드시 달인이(었)지만, 달인이라고 해서 성인이 되는 것은 아니다. (악마라면, 그는 반드시 달인의 일종인 셈.)

이 길을 밟아가는 방식은 여럿이지만 그중의 공통되는 한 가지 승당로(昇堂路)가 바로 '낮은 중심의 공부'다. (존재와 생활의) 중심이 낮지 않으면 실수하기 쉽고, 근기를 키우지 못하며, 필경 삶과 세상에 대해 밝을 수가 없는 까닭이다. 그러나 이 같은 요령을 익히는 데에 당장 다가드는 반론, 혹은 난관은 이 '낮음'이 혹간 에너지의 빈곤으로 곡해되거나 실제

그렇게 드러난다는 점이다. 물론 이외에도 나이와 성품과 여건과 타고난 솜씨(재능) 등이 관건이 된다. 내가 다른 글에서 공부의 조건으로 태도와 '몸'과 언어성 등을 내세운 적이 있지만, 체력이나 근기가 빈약해서는 긴 걸음의 공부길에 나설 수 없다. 가령 안회(顔回, 기원전 521~491)처럼 병약해서는 '극기복례(克己復禮)'쯤에서 머물 수밖에 없었을 것이다. 이 낮은 중심의 메타포를 이해하자면 각종의 호흡법에서 한목소리로 말하는 단전축기(丹田畜氣)나 유학적 신독(愼獨)의 이치가 안성맞춤이다. 그것은 고요해도 전일하고 낮아도 소리 없이 끓는 정중동(靜中動)이다.

나 역시 소시에는 '낮은 중심'이라는 개념을 공부길의 축으로 삼을 생각을 하지 못했다. 젊어 혈기방장할 때는 낮음의 가치를 접하기 어렵고, 낮음으로 깊어져서 키우는 실력의 묘미를 실감할 도리가 없다. 나 자신의 불민과 싸우며 공부 하나를 필생의 업으로 삼아 내 삶을 구제하고 이로써 나를 믿는 몇몇 이들을 돕고자 했기에 스스로 각종각양의 공부법을 탐색하고 실천하였다. 10여 년 전부터는 '집중'을 키워드로 삼아 이 실천을 재구성했고, 20여 년 전부터 생활양식의 일환으로 내려 앉혀온 경행법과 옛 선비들의 신독법(愼獨法)을 융통시키면서 차츰 내 나름의 길을 하나 뚫었다고 여기게 되었으니, 그로써 바로 이 '낮은 중심' 운운, 하는 것이다. 이른바 '24시간 공부'가 가능해지려면 낮은 중심의 운신과 태도가 절실하다는 사실은 나날이 확실하지만, 이 이치를 몸에 내려 앉히려는 노력을 이런 글로써 잡아내기란 쉽지 않다.

역사상 최고의 축구선수로 꼽히는 메시(Lionel Messi, 1987~)에 대한 평가 중에는 몸의 중심축이 낮아 급격한 이동 중에도 밸런스를 잃지 않는 다는 점을 지적하는 게 많다. "메시는 그의 작은 키를 선용한다. 그의 낮은 무게중심은 빠르게 돌면서도 상대 선수로부터 공격받을 때 넘어지지 않 도록 한다. 종종, 그를 넘어뜨리려면 반칙을 하는 수밖에 없다(Messi uses his short stature to his advantage. His low center of gravity enables him to make quick turns and to stay on his feet when challenged. Often, the only way to knock him off balance is to foul him)." 내가 소개한 공부법의 종 류 중에는, 신독-낭독-경행-연극적 실천-응하기-알면서 모른 체 하기 등등이 있지만, 실은 이들 모두가 어떤 중요한 점에서 '낮은 중심을 얻어 가는 공부'를 지향하고 있다. 메시가 몸의 낮은 무게중심을 최대한 선용 하는 것처럼, 학인/수행자는 '정신'의 낮은 중심을 선용해야 하는데, 워 낙 몸과 마음은 한 묶음의 불이(不二)이므로 필경 정신의 낮은 중심조차도 몸/태도의 낮은 중심과 켤레를 이루고 있음을 기억해야 한다. 물론 비우고 낮아지는 것은 '성취'이니 이를 빈약이나 물색없는 관용의 일종으로 곡해 해서는 안 된다. 결국 공부와 수행의 관건은 에고를 다루는 결기와 지혜에 있기에, 공부길에서 진경을 바라는 이라면 반드시 '낮아지기'의 오랜 실천 이 긴요하다. 오직 낮고 낮아져야만 멀리 걷고 깊이 뚫어낼 수 있는 것이다.

녕자佞者는 '높은 중심'에 취한다

그랑디에는 말을 즐기고 말과 함께 있으면 편하다. 그는 작은 사회의 언어를 교란시키고도 탈 없이 지낼 수 있다는 것에 우쭐해 한다. (그러나) 토론과 언쟁의 성공이 몰락의 원인이다.

미셸 드 세르토, 「뤼딩의 마귀들림」

녕자(佞者)는 왜 위험한가? 그는 자신의 말재주로 "작은 사회의 언어를 교란시키고" 남을 지배해서, 이로써 '언어적 존재(homo linguisticus)인 그 남'의 수족을 잘라버리기 때문이다. 그는 높은 중심에 취한다. 당연히 녕자의 칼날은 자신에게로 향하는데, 이는 다언삭궁(多言數窮) 정도가 아니다. 그 탓에 스스로 자신의 존재를 오독하기 때문이다. 언제나 지배는 성공의 겉절이일 뿐이다. 발효를 통해 새로운 관계에 들어설 수 없는 것, 바로 그것이 변재(辯才)의 운명이다. "녕자는 중지할 줄 몰라 위험해지기 때문(佞者不知止而爲殆)"이다.

마당일을 하든 버릇을 고치든

'도구적 존재(homo faber)'라고 하듯 인간존재와 그 주체적 재구성은 언제나 이런저런 종류의 도구와 함께 이루어진다. 도구가 없이는 살 수 없으니, 다만 그 '선택과 유용(choice & appropriation)'이 있을 따름이다. 습관의 타성에 똬리를 틀고 살아 망각하고 있지만, 도구를 준별하고 사안에 적절하게 사용하는 것은 늘, '생각'보다 훨씬 중요하다. 여기에서도 '생각은 공부가 아'닌데, 인간은 감각-지각을 넘어 '생각'의 진화가 이미 과도해진 존재이므로 자연과 도구에 의지해오던 오랜 세월을 쉽게 망각한다. 다른 동물들과 달리 언제나 생각이 넘친 나머지, 몸을 생각 속에 안이하고 섣부르게 얹는 것이다. '몸의 지혜'(니체)를 말하지 않더라도, 매사에 몸을 소외시키지 않아야 한다.

무엇이든 실패의 기억을 세세히 복기해보면 그것이 도구의 부재나 부실에 기인하는 경우가 의외로 많다. 종교인이나 인문학도처럼 관념론적 지향으로 쏠리기 쉬운 이들은 도구의 실효에 어둡기 쉬워 강박적으로 마음을 들볶곤 한다. 그러나 언제나 기억해야 할 것은, 마음은 도구적 매개 없이 제 홀로 나다니지 못한다는 사실이다. '이데올로기적 국가장치'(루이 알튀세르)를 말하듯이, 의미조차도 사회제도의 구체적 형식 속에서 실현된다. 쉽진 않겠지만, 매사에 적절하고 우량한 도구를 가려서 채비하는 버릇을 들이는 게 중요하다. 신발이든, 삽이든, 펜이든, 혹은 개념이든, 자신의 몸(정신)과 일을 매개하는 역할에 수월하고 적실한 도구를 찾아내는 게 관건이다.

학인으로 살아오면서 나는 특히 '말이라는 도구'에 당연히 민감할 수밖에 없었다. 어떤 중요한 점에서 공부는 말을 배우는 것이며, 특히 철학과 인문학은 더욱 그러하다. 한글을 낯설게 여기고 여러 외국어에 익숙해지도록 애쓰면서, 언어적 도구를 매개 삼아 인간의 세상을 탐색하고 내 세상을 일구어왔다. 언제나 인간은 온갖 도구들을 통해 우회적으로 자신을 주체화하는 법이다. 헤겔의 노예가 (주인이 하지 않는) '노동이라는 자신의 외부'를 통해 서서히 대자적 내면성을 각성해 나가듯이, 마당일을 하든 자신의 버릇을 고치든, 언제나 '방법은 우회로(détour)'(벤야민)인 것이다.

공부功扶, 혹은 남을 도울 수 있는가?

1. 공부란 우선 세상에서 가장 쉬운 것, 즉 좋아하는 것으로부터 몸을 끄-을-고 나아가는 일에서 시작하지요. 이어 세상에서 가장 어려운 일, 즉 타인을 돕는 일에 이르는 일련의 총체적 과정입니다. '생각은 공부가 아니'라고 했을 때, 그 생각은 도무지 타인에게 닿지 않기 때문입니다. 그대는 타인에게, 타자에게, 사린(四隣)에게 닿을 수 있었습니까? 그 같은 공부의 길을 걸어본 적이 있었습니까? 생백(生白)하는 허실(虛室)에, 에고가 죽은 허적(Abgeschiedenheit)에 닿아 본 적이 있나요? 자신의 생각을 온전히 누르고 남의 손을 잡아준 적이 있습니까?

2. 그 생각의 막(膜)을 부수고 그 잡념의 벽 너머로 나아가게 하는 가장 일반적인 형식은 다름 아닌 '틀'입니다. 생각으로써, 호감이나 번뇌로써 남을 돕는 게 아니라 틀의 공효(功效)에 의해서만 가능해집니다. 그래서 '공부(功扶)'라고 합니다. 교장불유적(巧匠不留跡)이라고 한 것은, 그의

실력이 이미 충분히, 야무지게, 허영이 없이 (남을) 도왔기 때문이지요. 솜씨나 깜냥은 주먹구구로 얻을 수 없고, 더구나 남을 도울 수 있는 정신과 몸은 생장(生長)이 아닌 성숙의 것입니다. 하루 중에 제 자신을 갈고 다듬는 틀을 준비하지 못하고 있다면, 그는 평생을 자기의 생각 속에서 살다가 꼭 그만큼의 생각 속에서 소멸하게 될 것입니다.

3. 제 생각 속에서 상상적 2자 관계(relation duelle)를 살아가는 것은 이미/언제나 제 자신의 (특히, 부정적) 개입에 어두울 수밖에 없습니다. 좋아함(호감)의 비극은 바로 이 어두움에 있지요. 스토커(stalker)를 '스티커(sticker)'라고 별칭하는 것처럼, 제 자신의 개입에 어리석은 정념은 스스로의 자리와 위치를 이해하지 못할 뿐 아니라 특히 이동하지 못하는 것(下愚不移)입니다. 이동의 가능성은 언제나 자기 개입의 깨침에서부터 시작되기 때문이지요. 그리고 우리는 이동함으로써, 자신의 에고를 넘어 몸을 끄-을-고 나섬으로써만 남을 도울 수 있습니다.

4. '동무'는 (현명하게) 돕는 사람을 말합니다. '현복(賢服)'을 말하거나 응하기, 혹은 비평을 말하거나 죄다 '네 삶과 공부는 이웃을 도울 수 있는가?'를 질문하는 단 한 가지의 가치로 집약됩니다. 까탈스럽게 호감과 호의를 힐문해온 이유가 여기에 있기도 합니다. 관계를 구원하는 것은 스스로 밝아져 그 작은 빛으로 이웃을 돕는 데 있습니다. 꼭 위기지학(爲己之

學)의 이념이 아니더라도 공부는 제 삶을 구제하고 이로써, 즉 그 확장된 가능성으로써 이웃에게 빛을, 도움을 주(려)는 행위인 것입니다. 구제라는 게 별스럽지 않습니다. 그것은 이론을 넘어, 제 삶과 세상 속으로 지혜롭게 개입하고 응하는 실천이 얻는 공효입니다. 그래서 공(功)이면서 부(扶)라고 할만한 것입니다.

5. 동무를 '신뢰'의 관계라고 했을 때, 그 신뢰의 기반은 몸에 기억된 돕기의 이력일 수밖에 없습니다. 소시적 이런저런 관청에 드나들면서 금세알게 된 사실은, '그들은 나를 돕지 않(못한)는다'는 것이었고, 이 긴 불신의 과정은 길게 이어지고 있습니다. 가령 가족의 비극은 그 부족적-근친적 호감이 돕기의 현명한 실천적 관계로 이어지지 않기 때문입니다. 내가 친구와 애인, 동료와 동지의 지평에서 벗어난 동무를 말하게 된 것도돕기로서의 비평의 가능성을 서로의 생활이 겹치는 자리에 재배치할 수있기 위해서였습니다. 사람 사이의 신뢰는 결국 '나는 너를 도울 수 있는가?'라는 물음을 통해서만 성립합니다. 존재론적 비평 역시 사린(四隣)을도울 수 있는 신뢰의 관계 속에서만 가능해집니다. '물잔 건네기'의 실험을 통해서도 말한 적이 있지만, 신뢰를 거의 '물질적'인 것으로 여긴 이유는 그것이 몸에 체득된 돕기의 실력이기 때문이었습니다.

6. 그러나 왜 공부의 실효는 타자/사린을 돕기, 로 드러나는 것일까요?

그것은 물이 넘치듯이 덕(德)은 넘치고, 자신을 태우는 불이 이웃을 밝히듯이 스스로 밝은 정신은 이웃을 비추기 때문입니다. 실력이나 신뢰는 타자라는 매개를 통해서만 제 자신의 기쁨을 확인할 수 있기 때문입니다. 그런 뜻에서 자기 구제는 곧 이웃을 포함한 동시구제(同時救濟)일 수밖에 없습니다. '하늘은 스스로 돕는 자를 돕는다'는 말의 진의가 바로 여기에 있는 것이지요. 공부! 그렇지요, 그것은 하늘까지 닿는 사람이라는 기이한 정신적 존재의 일생입니다.

소크라테스, 남을 도울 수 있는가?

실로 소크라테스는, 모든 일에 모든 형태로 도움이 되었던 사람으로서, 이 일을 생각
해보는 사람에게는 겨우 약간의 이해력을 가지고 있는 사람에게도, 소크라테스와 교
제하여, 어디에서나 또 어떤 경우에라도, 그와 함께 고구(考究)하고 있었던 사람들에
게는 그가 곁에 없을 때라도, 그의 일을 상기하는 것만으로도 적지 않은 이익이 있었
던 것이다. 왜냐하면, 그는 농담을 하고 있을 때마저도 정색을 하고 있을 때에 못지
않게 제자들을 보익(補益)하고 있었기 때문이다.

크세노폰, 『소크라테스의 회상』

'지나가는 곳마다 바뀐다(所過而化)'는 게 성현의 증거다. 이로써 장소
화의 공부가 지닌 뜻이 또 한 번 드러난다. 장소화란, 그 존재가 그 존재
가 거하는 장소에 드러나는 길이기 때문이다. 물론 그 알짬은 '돕기'이며,
공부와 수행의 유일한 지표는 '너는 남에게도 도움이 되는가?'에 있을 뿐
이다. 도움이 되지 못한 삶이 비참하다면 남에게 폐를 끼치고 악업을 전
하는 짓이 차마 끔찍할 것은 상상을 넘어선다. 물론 도움의 기본적 형식

은 덕화(德化)와 같은 것으로서, '달갑지 않은 친절(有り難迷惑)'은 역시 우매한 짓이다. 내가 오랫동안 말해온 '존재론적 비평'이란 곧 '도움이 되는 존재'에 다름 아니다.

돕기, 애써 나서진 말아야

누누이 말하고 또 글로 밝히곤 하였지만, 공부란 게, 우선 스스로 밝아지는 것이고, 또 그 덕으로 이웃에게 조금이나마 도움이 되게 사는 일이다. '사물은 사물들 사이에 있고 인간도 인간들 사이에 있'(사르트르)으므로, 이 밝음과 돕기는 언제나 서로 얽힌다. 물론 돕지 못하는 학공(學功)이야 헛일이다. 그러나 굳이 남을 돕자고 애써 나서진 말아야 한다. 남을 돕는 일에도 에고의 어뜩비뜩거림이 있고 시절과 연분이 있으니, 도우면서 어리석어지는 게 또한 인간의 일이다.

생활은 적게, 공부는 비근卑近하게, 중심은 낮게

성도(成道)한 후의 싯다르타는, '3개월간 안반수의(安般守意)를 행해서 자재(自在)와 자비를 얻었다'고 회고하였다. 안반수의는 이른바 '낮은 중심의 공부'에 이르는 한 가지 길을 가리킨다. 생활은 적게, 공부는 비근(卑近)하게, 중심은 낮게, 하는 것이므로, 비록 중이 아니라도 낮은 중심을 얻고자 이런저런 실험과 실천을 해보는 일은 괜찮은데, 그중에서도 수의(守意)를 피할 수는 없다.

정신의 성숙과 생각의 복잡

제 자신은 무엇인가가 진행되는 장소입니다 … 우리들 각자는 사건이 일어나는 일종의 교차로입니다.

클로드 레비 스트로스, 「신화와 의미」

통상 공부를 결심한 이가 제일 먼저 손대는 게 책읽기다. 그러나 바로 이게 병통이다. 그래서, 레비 스트로스의 지적처럼 '정신의 성숙과 생각의 복잡을 혼동하는 일'이 생겨난다. 어떤 공부에서든 (좋은) 책읽기를 생략할 수 없지만, 책읽기는 언제나 반편의 진실을 보여줄 뿐이다. 내가 '공부하라'고 하면, 우선 그것은, 규칙적으로 달리기나 윗몸일으키기를 한다거나, 걸어 다니면서 일체 타인의 얼굴을 구경하지 않는다거나, 약속에 견결하라거나, 사린(四隣)과 새 관계를 꾸며보라는 등등의 얘기다. 혹은 타인과 더불어 있는 곳에서는 핸드폰을 드러내지 않는다거나, 작고 허무한 일들에 극도의 정성을 들인다거나, 질투와 시기를 자근자근 밟아 죽인다거나, 자신의 말하기나 앉기 등을 개선한다거나, 애착이 아니라 정성 어린 연극으로 사랑한다거나, 차분함과 비움을 얻어 화를 내지 않도록 애쓴다는 것 등등을 하라는 뜻이다. 우선은, 그렇게 시작하는 것이다. 머리통 속에 랑시에르나 장자 등을 쑤셔 넣어 지랄(知剌)을 떠는 게 아니고.

공부의 임상

철학과 인문학 공부의 낭패는 일종의 '내향적 정교화(involution)'(C. Geertz)에 있다. 이를 잘라 말하면 임상(臨床)의 프락시스가 없는 공부, 혹은 심지어 그 임상성(practicality)을 체계적으로 배제함으로써 이론적-내향적 정교화를 기하는 짓에 있다. 내가 30년 전부터 지적해온 이른바 '논문 중심주의'나 '원전 중심주의'가 다 이런 못된 습벽의 일부인 것이다. 이런 점에서 대학의 인문학부가 몰락하는 작금의 형편을 외인(外因)으로 변명할 수 없다. 내가 경험한 대학의 학습은 대체로 '사람이 들어가 살 수 없는 현란한 고층의 색종이 건물'과 같았다. '모든 공부는 곧 사람의 일'이라는 전제에서 생기는 수행성(遂行性)을 놓치는 순간, 필경 그 공부는 휘발한다. 역시 지행이 아니라 행지(行知)인 것이다.

의사들이 턱없이 가오(顔, かお)를 잡는 것은 무엇보다 그 임상이 분명하기 때문이다. 게다가 그 대상이 곧 절박한 심정의 환자들이 아닌가. 절

박한 심정으로 구원이나 죄사함, 혹은 축복을 원하는 신자들에게 역시 권위와 권력으로 군림할 수 있는 게 성직자들, 정확히는 교주와 같은 이들이다. '카리스마는 자발적 회개를 요청한다'(M. 베버)고 하는 것처럼, 병든 환자들과 죄사함/축원을 갈구하는 신자들은 스스로 자신들의 삶을 회개함으로써 의사들과 성직자들에게 권위와 권력을 선사한다. 그리고 이 권위와 권력의 바탕은 그 임상인데, 돌팔이와 사이비조차 철면피하게 횡행할 수 있는 것이 곧 이 임상성에 대한 혼동 탓이기도 하다.

'세상을 이해하는 게 아니라 변혁하는 것'이라는 식의 명제는 그 임상성을 놓쳐버린 철학적 탐색에 대한 대중의 늦은 항의다. 물론 그 모든 지적 탐색이 실용적이어야 한다는 말은 아니다. 예를 들어, 널리 알려진 대로 로마나 중국의 과학 일반이 그 가능성에도 불구하고 결국 주춤하고 만 것은 그 용도를 실생활에 소용되는 실용성에 국한시킨 데 있었던 것이다. 그러므로 이론을 그 가능적 논리의 극한까지 밀어붙이는 태도를 백안시할 필요는 없다. 또한 헤겔로 대표되는 독일식 관념론의 풍성한 이론적 가능성에서 엿볼 수 있는 것처럼 인간이 살아가는 실재의 겹과 층에는 관념(이론)의 두께가 작동하고 있기도 하다.

그런데도, 철학과 인문학에 관한 한 실제적 임상성은 바로 그 활동 자체에 본질적이다. 보수주의라는 게 결국 '무이론의 고집'으로 흘러가는 사실을 기억하면 이론을 공부하는 것은 늘 중요하지만, 이론이 그 임상을 놓치면 내향적 정교화(decorative involution)로 빠지고, 강단학자들의 버릇과 같이 갖은 지식들이 오직 직업 활동을 위한 전시용으로 타락하게 된다. 기초적 원리에 천착하는 과학조차도 다양한 기술적 활용을 통해 필경은 인간의 생활이라는 그 임상에 복무하는 법이다. 이러한 이치에서 철학과 인문학이 예외일 리 없다. 아니, 철학과 인문학은 오히려 과학과 기술에 의해 쉼 없이 소외 받고 있는 근년의 처지를 고려하더라도 자신만의 임상적 프락시스와 스타일을 꾸준히 계발해야만 한다. '행하면서 알게 되고, 알아서 더욱 잘 행하게 되는(行知而知以尤善行)' 법이다.

'멀리 가려니'

　안팎으로 낮은 중심에 애씀은 매사의 지행(知行)에서 치우치지 않으려는 것이며, 중도(中道)니 중용을 말하는 것은 쉼도 한(限)도 없이 이어지는 내 개입에 따른 겸허를 배우려는 것이고, 사린(四隣)을 살피고 돕는 것은 공부자리가 달리 없기 때문이다.

내 공부의 반려 다섯

첫째는 산책이지요. 니체가 그 원형적 이치를 아무 설명도 없이 설파했듯이, 내 모든 글도 산책의 소산입니다. 둘째는 적바림하는 버릇입니다. 내겐 빼곡히 적힌 암기 노트가 100권을 넘습니다. 언제나 적바림하고 외는 것. 이것이 없는 긴 걸음은 미로가 되고 맙니다. 셋째는 차(茶)―'술'은 아니고―입니다. 아, 아무래도 차가 없는 독행(獨行)의 공부길은 메마른 법이지요. 넷째는 기이한 말이지만 '낮잠'입니다. 나는 몸의 상태를 살펴, 늦은 오후에 10분~15분 정도, 초시계를 놓고 설핏 낮잠에 듭니다. 몸/정신의 리셋(resetting)을 한 차례 더 하지요. 마지막은 (설명하기가 어려운데) 설명하지 않도록 할게요.

자득自得과 희망

　'사물/사태에는 이치가 있다(有物有則)'. 물지이응(物至而應)이라고
했듯, 이치가 있으므로 실력이 있을 것은 당연하다. 정한 사물이나 사태
를 대상으로 삼아 꾸준하고 성실하게 애쓰면 실력이 생기고 솜씨가 빛나
는 법이다. 그 실력의 증표를 일러 자득(自得)이라고 한다. 자득하면 길
이 보인다. 그리고 희망이란, 바로 이 길을 걷는 방식을 가리키는 것이다.
사람들은 헛된 곳에 희망을 걸곤 하지만, 학인이라면 오직 자득이 열어주
는 문과 그 길 속에서 희망을 구해야 한다.

득^得과 덕^德

워낙 득(得)은 덕(德)으로 통하는 글자였다. 덕(德)은 득(得)인 것이다. (하지만 득이 덕이 되자면 약간의 '무엇'이 '더'해져야 한다.) 덕은 자득 (自得)에 터한다. 모든 득(得)이 자득인 이유는 덕(德)은 곧 개입의 주체 와 그 성격을 따지기 때문이다. 이른바 실존적 경험이 자신만의 것이듯, 덕은 자기 자신의 몸과 정신과 생활을 통해서만 영글어간다.

'자득하면 길이 보인다'고 했다. 그러면 동태눈깔이라도 그 앞에 번연히 드러나 있는 길(들)은 다 무엇일까? 그게 상(相)이다. '리상즉시불(離相 卽是佛)'의 상, 인간의 지성이 매사에 의지하는 그 표상(representations) 이다. 지성의 길은 항용 양날검(雙刃劍)이라 반드시 명암이 있다. 그래서 지성은 늘 가운데에, 위태롭고 달콤하게 끼어 있는 것이다. 한켠에는 몽 매(obscurantism)가 있지만, 그 반극에는 '알면서 모른 체 하기'가 있어, 지성은 늘 자신을 되돌아보면서 때바른 중용과 안타까운 화해를 구하지 않으면 자빠지게 마련이다. 대체로 인간에게 길은 3가지 종류가 있다. 몽매의 길, 계몽의 길, 그리고 '길 없는 길'이 그것이다. 이 길 없는 길을 일러 '자득의 길', '좁은 길(隘路)', 혹은 '덕경(德逕)'이라고 한다.

자득(德)의 길이라면, 항용 그 길의 절반은 마음과 결구(結構)되어 있다. 정확히는, '있다'기 보다는 마음의 개입이 열쇠의 기능을 '한다'. 앞서 말한 것처럼 득은 곧 자득이기 때문이다. 제 마음이 제 마음의 굴혈을 만들고 있기 때문이고, 필경 제 개입의 방식에 의해 열리기도 하고 닫히기도 하는 길이기 때문이다. 그것은 시력(視力)에 의해 보이는 게 아니라 실력(實力)에 의해서 열리고 보이기 때문이다. 자득이란 자력(自力), 자신(自信), 그리고 자립(自立)의 길이다. 실력에 입회하는 새로운 시야는 강변의 자갈처럼 멋대로 보이는 게 아니다. 그것은 아득한 모래밭 속에서도 어느새 드러나는 '길'의 모습이다. 이를 쉽게 비유하자면, 인간의 정신을 '서사성(narrativity)'으로 격자화시키는 이치를 살피면 좋다. 사물/사태 속의 길이란, '실력'이라는 이름으로 자라난 인간정신의 함수(函數)인 것이다.

실력(혹은 '기질', 혹은 운명이라고도 부르는 '재능')이 없으면 보이지 않는 경험은 너무나 흔하다. 나는 평생 쉼 없이 글쓰기를 해왔고, 한때는 이 경험의 길을 '손가락으로-손가락에서'라는 메타포로써 설명하기도 했다. 그간 글쓰기의 고충을 토로하는 학생들과 독자들을 수없이 접했지만, 이들은 흔히 하아얀 원고지(종이)가 마치 눈 쌓인 산야처럼 아득해 보인 다고들 했다. 그러나 길은 천지사방으로 끝없이 뚫려 있다. 다만 그 길은 눈이 아니라 마음으로, 시력이 아니라 실력으로, 교시(敎示)가 아니라 자득으로 드러난다는 데에 그 요령이 있을 뿐이다. 반복하지만, 그 길이란, 자득에 의해서 차츰 드러난 마음의 길이다.

『전환 시대의 논리』의 저자 리영희 씨는 젊어 사격술의 달인이기도 했 는데, 자신의 경험을 이렇게 술회한 적이 있다. "기술도 한계까지 올라가 면 … 도덕적인, 정신적인 깨달음이 생기더라고요." 많은 달인과 지인(至 人)들의 술회가 잘 보여주는 것처럼, 이 말의 핵심도 자득과 덕 사이의 관 계를 건드리는 것이다. 그는 이 관계를 직관적으로 포착하였지만, 이는 어떤 분야에서든 자득으로써 세운 솜씨에 자연히 스며드는 이치일 뿐이 다. 다만 '도덕적 깨달음'의 경우, 앞서 말했듯이 자득에서 또 하나의 '더 (益)'가 필요한데, 바로 이 갈림길에서 성인(聖人)과 괴물이 각자 제 길 을 걷게 된다. 마치 작은 관심에서부터 무의식이 열리는 것처럼, 조그마 한 자득에서부터 덕(德)과 성(聖)의 길이 열리는 것이다.

才德交能至

재주와 덕성이 어울려 먼 데 이를 수 있다

매사 실력을 키우는 게 시작이다. 생활은 제 실력으로 충실해지는 것이다. 한 걸음을 나아가면, 실력으로 충실해지는 실존의 어떤 깊이 속에서는 자유의 길까지 길어낼 수 있다. 생활의 충실이 자유에 맞닿는 자리, 그곳의 밑돌은 오직 실력이다. 무슨 일이든 잘하게 되면, 바로 그 속에서 '탄탄하게 열리는 길'을 볼 수 있다. 차(茶)를 마시든 목검을 휘두르든, 글을 쓰든 상대와 대화로 만나든, 혹은 산책을 하든 심지어 숨을 쉬든, 반복되는 행위 속에 이치(一理)가 쟁여지는 데에는 반드시 '길(들)'이 생긴다. 누구든 더 나은 삶을 희망하는 사람이라면 이 길(들)을 찾아 나서야 한다.

실력의 길에 들어선 자는, 우선 그 길의 내면에 윤리적 표지판이 보이지 않는다는 사실에 눈뜨게 된다. (이 실력의 성격은 어떠하지? 이 실력은 어디에 접속되어 어떤 주체를 갱신시킬 수 있는 것이지?) 이른바 '선악의 저편(Jenseits von Gut und Böse)'이 흘낏 감지되는 순간이다. 하지만 대체로 샛길에 접근하는 것은 흔치 않은 기회로 여겨, 학인들은 이를 힘껏 선용할 준비를 해야 한다. 심신(心身), 혹은 물심(物心)의 이원론을 넘어선 샛길에 관해서는 이미 현대과학에서도 상식처럼 이야기하고 있고, 불교로 말하자면 아득한 옛날부터 '진리는 선악의 샛길(佛性非善非不善是故爲不二)'(慧能)이라고 말해왔다. 선(善)을 깊이 이해하려는 노력조차 없이, 세상의 물정과 소문에 휘둘리는 것을 도덕성의 조건으로 여기는 이들은 악(惡)이라고 하면 '악!', 비명을 지르면서 눈을 감곤 한다. 그러나 인간존재의 가능성을 키우고, '되면서 알아가고자' 애쓰는 학인이라면, 애증(愛憎) 앞에 잠잠할 수 있어야 하는 것처럼 선악의 소이연(所以然)을 향해서도 제 나름의 담담함 속에서 박진해보아야 한다.

그래서 옛 수행자들은 흔히 '도가 높아지면 마도 높아진다(道高一丈魔高一丈)'고 했는데, 넓은 의미에서 보자면 이는 공부 일반에 널리 통하는 이치다. 이를 정신분석학에서 통용되는 격언으로 고쳐보자면, '주체는 자신의 욕망을 거슬러 힘겹게 진실에 박진한다'. 여기에서 어렵지 않게 간취할 수 있는 것은, 진실[道]의 문제는, (니체가 언질한 대로) 다만 '소심한 인식론'의 영역에 한정될 수 없다는 사실이다. 지식(진실)은 인간(인격)이라는 기묘한 매체와 더불어 재구성되거나 훼절(毁折)되기도 하고, 옹색해지거나 자라나기도 하는 것이다. 그러므로 자신의 존재와 삶을 돌

보려는 공부길이라면 에고[인끔]의 문제를 놓칠 도리가 없다. 앎은 인격과 더불어 원만해져 가는 법이며, 깜냥을 통해서야 비로소 이론들은 제 역량을 다하게 된다.

전통학문의 이분법에 의하면 재덕(才德)은 서로 융통되지 않고 나누어지고 만다. 이른바 덕본재말(德本財末)이며, 심지어 '군자는 재주가 많은 것을 좋아하지 않는다(君子不好多能)는 것이다. 이 이치는 다만 이데올로기가 아니라 우리들의 비근한 일상 속에서 여러 형태로 왜곡된 채 쉽게 확인될 수 있기도 하다. 재주가 있는 사람은 겨우 자신의 재주가 열어놓은 함량에 먹혀 있기 일쑤고, 오직 '눈치 보기'의 형식으로 구성한 '사람 좋음(鄕愿)'은 인간의 가능성에 대해 완전히 숙맥일 뿐이다. 문제는, '재주와 덕이 더불어 지극해질 수 있는가(才德交能至)', 하는 데에 있다. 더 나아가, 이 '더불어(交)'에 숨어 있을 이치를 탐색하거나 상상해보는 게 요령이다.

길은 좁다

엘리아데(M. Eliade)의 지론에 의하면 모든 길, 그리고 걷기는 종교적인 가치를 갖는다. 왜냐하면, 걷기는 궁극적으로 자기 탐색의 행위에 지나지 않기 때문이며, 이는 곧 자신의 정신이 타자 속으로, 자연 속으로, 우주 속으로 개입하고 있는 방식을 염탐하는 것이기 때문이다. 그러나, 대중의 생각 속으로 연역되는 종교는 언제나 종교적이지 않은데, 그래서 그 길은 좁아야만 한다. 공부길을 좁다고 하는 이유도 이처럼 간명하다. 남다른 재능이나 경험의 운명은 남에게 충분히 설명하지 못하게 된다. 등록(登錄)하기 어려운 앎이나 행함은 운명적이며, 이미 복(福)을 얻었으므로 스스로 좁아진다. 자신도 알 수 없는 빛을 낼 뿐이며, 어떤 순간에 이웃을 도울 수 있을 뿐이다.

사람의 일이다

목수란 일과 관련되어 있지만, 목수이기 이전에 인간입니다. 어느 면에서나 엉성한 데가 있어서는 안 됩니다. 어딘가 결함이 있으면, 그것이 반드시 일에서도 나타나기 때문입니다.

西岡常一, 「나무에게 배운다」

목공도 철학도 종교도 사랑도 죄다 사람의 일이다. 사린(四隣)의 관계 지형 역시 사람의 일이기 때문에 생성된 것이다. 전자(電子)도 쌀(밥)도 난초도 금붕어도 강아지도, 강도 산도 역사도 신(神)도 모두 사람의 일을, 그 진실을 드러낸다. 사람은 바로 이 진실을 보양하는 존재다. 그래서 인간의 정신을 매개 중의 매개라고 하는 것이다. 그는 자신의 죄, 혹은 책임, 혹은 개입이 있는 자리를 자각하는 힘에 의해서만 지혜를 얻게 된다.

개념이란 무엇인가

Zum Leitstern seiner Bestrebungen soll man nicht Bilder der Phantasie nehmen, sondern deutlich gedachte Begriffe.

자신의 노력의 이념에 도달하기 위해서는 환상이 아니라 명료하게 사유된 개념을 가져야만 한다.

Arthur Schopenhauer

백문불여일견(百聞不如一見)이 꼭 옳은 것은 아니다. 시각과 같은 감각적 지각은 사적 표상에 붙박혀서 객관적 사상(事狀)과 주관적 개입의 차이를 놓친다. 니체의 말처럼 사람의 인식은 여러 종류의 주박(呪搏)에 묶이기 쉽다. 이미 그가 밝혀 놓았듯이, 생물학적 주박이나 문법적 주박은 대표적이다. 사람은 자신의 몸에 익숙하고 유리한 대로 인식할 가능성이 농후하며, 자신의 화법(話法)에 쉽게 얹히는 이치를 진리인 양 택할 가능성이 많은 것이다.

직관이 사적 표상에 잡히고 접힐 위험이 많다면, 이 위험을 피하기 위한 장치의 대표주자가 곧 개념(concepts/Begriffe)이다. 개념은 직관적 표상의 한계를 넘어서 사유를 길고 정치하게 밀어붙일 수 있도록 돕는다. 개념이 성글다고 타박하면서 이런저런 종류의 경험론으로 미끌어지는 것은 항상 현명한 것은 아니다. 개념에 하늘의 이념(天網恢而不疎)을 얹고자 하는 것은 아니지만, 경험치 속에서만 인식의 가늠자를 놀리는 짓은 결코 공부의 본령에 이르지 못한다. 쉽게 말해서 스피노자나 칸트, 혹은 뉴턴이나 다윈 등이 등장할 수 있었던 것은 경험의 일차적 쾌락에서 벗어나려는 정신의 비약이 있었기 때문이다. 이 비약의 알짬을 일러 개념화(Begriffsbildung)라고 부른다.

인간의 정신이 진화사적으로 얻은 중요한 분기점이 '언어적 의식(linguistic consciousness)'이다. 인간의 경우 언어와 의식 간의 내생적 결합이 워낙 강고하기 때문에 의식의 조판(組版)은 거의 언어적으로 구성되어 왔다고 해도 과언이 아닐 정도다. 심지어 직지인심(直指人心)하는 직관조차 이 언어적 의식과의 '창의적인 불화' 혹은 '보상(compensation)'(O. 삭스)에 의해서 가능해진다고 해야 할 정도다. 인류만의 고유하고 장기적인 상호작용은 단순히 느낌(feelings)을 조작하고 공감하는 차원에 머물지 않고, 정신의 정제(整齊)된 형식을 통해 새로운 도약에 나선다. 이치(理致)들, 즉 정신의 길들에 주목하게 된 것이다. 개념은 인간의 정신이 심리적 와류와 혼돈을 넘어서서 지속되는 이치들을 부르고 장악하고 통용하고 또 현실에 적용하려는 노력의 결과물이다. 개념의 존재가 갖는 가장 중요한 취의는 포퍼(K. Popper)도 시사한 것처럼 인간이 비로소 심리의 '저편'에 도달하게 되었다는 사실에 있다.

사람의 존재를 정신진화사적으로 이해하려는 태도에 저항감이 있다면 우선 '개념', 혹은 개념화의 뜻과 그 내력을 살피는 게 좋다. 하늘 아래 변치 않는 게 없고, 인간의 정신이라는 놀라운 진화의 결정체도 갖은 종류의 타자들과 교섭하고 상호작용하는 가운데 나날이 변하고 있는 것이다. 개념(화)이라는 현상을 그 내적-논리적 정합성에서 따지기 전에 그 역사적-계보학적 내력을 살피면서, 그것이 그 장구한 진화의 과정 속에서 차지하는 위상과 성격을 이해할 필요가 있다. 예를 들어 대나무처럼 빨리 자라는 식물은 중력을 거슬러 올라갈 수 있는 내적 응집력이 약할 수밖에 없는데, 이를 보완하는 장치가 바로 마디(節)다. 앞서 말한 대로 개념은 정신의 길과 그 결절점들이 생기는 과정과 일치하며, 요컨대 개념이란 바로 이 마디이자 정신의 결절점 정도로 비유할 수 있다. 인간의 마음은 그 유례없는 민활성(敏活性)과 그 잡다함으로 인해 개념적 장치가 없이는 쉽게 심리적 난맥상에 빠져 문명문화적 성취에 이르는 사유를 꾀할 수 없다. 따라서 개념(화)는 정교하고 조리 있는 사유의 길을 마련해주는 이치의 마디를 구성하게 된다.

사유의 마디는 몸의 관절처럼 중심을 잡고 상하좌우를 연결하거나 소통시키고, 혹은 거꾸로 실익이 없는 전달을 저지하거나 꺾기도 한다. 목 관절에 힘을 얻지 못하는 영아(嬰兒)는 고개를 세우지 못하고, 다리 관절이 엉성해진 노인은 제대로 걷지 못한다. 개념은 관절이나 마디처럼 인간의 사유가 조리 있게 서게 하고, 또 깊고 먼 데까지 정확히 도달하도록 돕는다. 그러므로 공부는, 특히 철학은 섣부른 직지인심(直指人心)을 흉내 낼 게 아니라 그 무엇보다도 '개념(이치)을 잘 빌려 쓰는 일(善假於理)'이다. 이치의 길을 좇아 구체성을 얼마간 떼어버리고 추상적인 사고를 하는 게 철학의 본령인 셈이다. '추상적'이라는 표현에는 항상 얼마간의 오명이 붙어있긴 하지만, 오명의 근거는 오직 수행상의 부작용일 뿐이며 '추상화'는 전술한 것처럼 인간의 정신이 성취한 결코 녹록하지 않은 초월적 도약인 것이다.

그러나 공적 개념에 비해 개인적인 '표상'들은 쾌락을 주기 때문에 금세 마음의 기울기를 얻어 편협해진다. 대개의 경우에서 대화가 어질더분해지고 샛길로 빠져 논점조차 희미해지는 것은 공적 개념들과 사적 표상이 서로 즐겁게(?) 공생하는 관계를 맺기 때문이다. 논점을 고르게 유지하고 자신의 주장에서 사적 유불리의 정서를 매몰차게 벗겨내는 일은 그 누구에게도 쉽지 않은 과정인 것이다. 체면(사람)을 살리고 논리(개념)를 죽이는 것이 상정이지만, 공부의 길은 그 반대다. 스피노자식으로 말하자면 감정은 일종지(一種智)인 표상적 상상력에 의한 망념에 지나지 않는다. 그가 제시한 '드물고도 어려운 고귀한 길'은 정념(Affectus)에 빠져 살아가는 정서적 인간에게 기하학적 논증의 방식으로 제시된 개념의 체계에 실존적으로 직관하고 참여하는 것이었다. '건조한 개념의 체계'인 그의 『에티카』는 존재의 길과 그 마디를 총체적으로 제시하려는 기획인데, 그가 말하는 신과의 합일은 상식과는 달리 바로 이 '건조한 개념의 총체'에 자신의 사유를 일치시키는 것이다.

개념들의 조작과 유통에 특별한 관심을 기울여온 것은 물론 철학적 활동이다. 예를 들어 헤겔의 유명한 명제인 "국가는 인륜 개념의 현실(화)이다(Der Staat ist die Wirklichkeit der sittlichen Idee)"와 같은 것이 대표적이다. 당연히 이런 식의 개념화는 성글며 국가라는 실체에 개입하는 수없이 복잡다단한 현상들을 구체적으로 묘사하지 못한다. '구체적인 묘사'는 중요한 재능이지만, 이러한 재능을 능사로 삼는 영역을 잘 가려야 한다. 가령 문학적 묘사의 경우처럼 현실의 단면을 있는 그대로 세세하게 그리려면 구체성의 미덕에 의지할 수밖에 없지만, 미래의 가능성을 향해 상상하거나 망각 속에 묻힌 먼 과거를 불러오거나 하는 등속의 탐색에서는 개념이라는 매개를 이용하지 않을 수가 없다. 예를 들어 하이데거 철학이나 정신분석학이 만든 갖은 조어(造語)는 비록 구체적 사실로부터 어긋나는 점이 있지만, 인간의 과거와 미래, 혹은 그 은폐된 진실에 관해

적극적이며 심도 있게 사유하는 데에 결정적인 도움을 준다. 전술한 것처럼, "인간의 사유가 조리 있게 서게 하고, 또 깊고 먼 데까지 정확히 도달하도록 돕는" 것이다. 들뢰즈/가타리에 의하면 "철학은 관조도 반성도 소통도 않는" 것이며, "철학은 지속적인 개념들의 창조"(『철학이란 무엇인가』)다. 말할 필요도 없이 개념 만들기(Begriffsbildung)가 능사는 아니더라도 인간의 정신적 진화의 과정 속에서 개념들의 위상은 참으로 놀랍고 기이한 것이다.

어떤 사람들은 미래의 어휘로써
오랜 과거를 다시 말하고 있는 것

Der Mensch ist der Nachbar des Seins.

인간은 존재의 이웃이다.

Martin Heidegger, 「Brief über den Humanismus」

(하이데거의 철학에서) 이 존재는 동어반복이 되며 그 동어반복에서는 주체가 추방
된다. '하지만 존재, 이 존재란 무엇인가? 그것은 바로 그것 자체다'.

T. W. 아도르노, 「부정 변증법」

키르케고르가 제시한 '본래적 삶'을 존재론화한 하이데거는 비본래적인 것과의 결별
의 구상에서 도덕적 핵심을 박탈한다 … 어떤 실체도 없는 결단성에 의한 공허한 호
소는 '존재의 도래'의 공허함으로 나타난다.

하버마스, 「아, 유럽. 정치 저작집」 11권

'존재의 도래(Wiederkommen des Seins)'와 같은 말은 얼마나 적실할

까? 이는 하버마스가 잘 지적했듯이 어떤 도덕성의 물음이기도 하다. 물론 하버마스는 하이데거를 사회정치적 도덕의 격자 속에서 그 책임을 묻는 것이고, 하이데거의 직관은 그 같은 도덕적 핵심의 정위(定位)를 넘어서려고 한다. 과연, 존재자들의 부박한 일상 속에서 표상 논리로 세속을 읽고 도덕적 눈치 보기로 행위할 경우, 존재는 공허한 이름에 지나지 못한다. 혹은 아도르노의 원망에 찬 음성처럼, 그런 식의 도래(到來)는 어쩌면 또 다른 몽매주의(obscurantism)의 잔재주처럼 보일 것이다. 하이데거의 길은 영영 이 같은 이중성의 스캔들을 피하지 못할 운명이다. 여기에서 상식이 찢어지면서 새로운 직관이 돋아나기를 기대할 수 있을까? 하이데거의 생각은 의사(擬似) 기독교적 뼈대에 선불교적 옷을 입혔으니, 만능(萬能)의 공허함으로 드러난다고 한들 따로 변명할 도리가 없다. 하지만 어떤 사람들은 미래의 어휘로써 오랜 과거를 다시 말하고 있는 것이다.

관념론의 미래

정신은 모든 것의 뿌리에 있으며, 따라서 매개는 우주의 원리다.

C. Taylor, 「Hegel」

'관념론'이라는 말은 항상 스캔들이었다. 그것은 비현실적이거나 허황되고, 심지어 망상적인 관점과 태도를 지칭해서 뭇사람들의 웃음거리에 지나지 못했다. 그러나 생각이나 심리적 사상(事象) 일반의 실제적 효력을 체감하는 것은 그저 상식에 불과하므로, 사상사적으로 관념론의 자리가 '억압'되어 왔다고 평가하는 편이 차라리 나을 듯하다. 하지만 관념론은 왜 억압되어왔던 것일까? 그리고 이 억압된 것은 어떻게 돌아오고 있을까? 이른바 원시인에게 특유한 마음의 전능성(Allmächtigkeit)으로부터 말씀(λόγος)이신 하나님을 거쳐 헤겔의 절대정신(Absoluter Geist)에 이르기까지, 능동성–창의성–창조성을 지닌 '마음'에 관한 상상과 사변은 인간의 심리를 떠난 적이 없건만, 한때 지식인들은 관념론에 관한 일체의 논의를 마치 탁란성(托卵性)의 기생체처럼 폄하했던 것은, 이제사 돌아보면 사뭇 기이하달 수밖에 없다.

　관념론의 역사는 길고 길었지만, 그것은 일거에 '청산'되었다. 계몽적 실학과 과학이 기술력과 자본력에 얹혀 끝없이 펼쳐지고 급기야 기계론적-유물론적 입지와 태도가 전포괄적인 세력을 누리면서 지구의 전역을 석권하게 된 것이다. 게다가 정치적 유물론자들이 사상문화계를 과표상(過表象)하게 되었고, 그 이데올로기가 한 시대를 풍미하였으며, 이로써 그 같은 사고방식(mindset)은 (이미 충분히 교화당한) 대중들의 지적 유행 속에서 차마 웃자라버린 것이다. 기이하게도, 자본제적 삶과 좌파적 저항이 정점을 치고 있을 때 오히려 이 오래된 (미래의) 관념론은 완전한 사망선고를 받은 셈이었다.

　관념론의 부활은 오히려 생활 속으로부터 시작되었다. 이것은 관념론이라는 '스캔들'이 실은 별게 아니었다는 징조다. 가령, 인간은 현대과학이 차츰 밝혀놓은 미시세계(microcosmos)에 맨몸으로 접근할 수 없는 것처럼, 물건들이 지배하는 이 세속 속에서 관념의 미세한 조화와 집요한 영향에 눈을 돌릴 감성이 적다. 이렇게 보자면 프로이트의 정신분석학이 '일상생활'의 층층면면을 소재로 삼았던 것은 너무나 당연한 일이었던 것이다. 그러나 원시부족들이 여전히 간직하고 있는 비결로서의 '알면서 모른 체 하기', 그리고 일상인들의 기미(機微) 속에서 약동하고 있는 이 마음의 능동성과 창발성은 차츰 과학적, 혹은 의사과학적 탐구에 의해서 제고유의 모습을 드러내고 있다. 관념론은 어쩌면 인간이라는 기묘한 정신적 존재의 생활인 것이다.

그 출발은 마음의 능동성이다. 경험과 인식에서 마음이 거울이나 수동적 용기(容器)로만 소극적으로 작동한다는 17세기 영국 경험론의 가설은 아득한 고물이 되고 말았다. 그리고 칸트를 거쳐 헤겔에 이르는 과정, 그리고 그 절대적 관념론의 (부)작용의 온갖 지류들은 인간의 마음을 백판(白板, tabula rasa)으로 보았던 순진함을 완벽하게 일소하였다. 그 사이 문학적(紋學的)으로 한층 섬세해진 인간들은 자신의 소소한 일상 속에서 이 능동성과 창의성을 밝히고 표현할 수 있게 되었다. 종교와 초심리학의 영역 속에 미만(彌滿)한 갖은 사례들을 차치하고라도, 심인성 질환(psychogenic diseases)에서부터 현대물리학의 관찰자 문제에 이르기까지 인간 마음의 존재론적 위상에 대한 새로운 이해를 촉구하는 현상과 추론들은 이미 소란스러울 정도가 되었다.

2020년 노벨 물리학상을 수상한 펜로즈(Roger Penrose)는 자신의 학문적 동기를 이루었던 3가지 미스터리 중의 하나로 '의식(마음)의 생성'을 든다. 어디 이게 펜로즈만의 신비일 수 있겠는가? 뇌라는 복합물질의

치열성과 그 관계적 역동성에서 나왔으나 다시 그곳으로 완전히 환원될 수 없는 의식이라는 신비는 다윈의 것이었으며 후설(E. Husserl)의 것이기도 했지만, 생각에 사무쳐 살아가는 우리 모두의 것이기도 하다. 그리고 이 의식은, 관념은, 혹은 정신의 가능성은 여러 논의의 표면으로 다시 회귀하고 있다. "이상이 인간현실에서 큰 부분을 차지하기 때문에 이상적인 이론을 거부하는 (정치)사상은 많은 현실을 거부하는 셈"(M. 누스바움)인 것처럼, 관념도 그 오래된 스캔들의 옷을 벗고 마침내 공부하는 인간들의 현실이 되고 있는 것이다.

의식의 능동성은 특히 근대의 인식론과 과학에서 처음으로 매우 정교하게 관심을 보인 현상이었다. 정신의 주체성이, 사물의 전체가 진행되는 그 합리적 필연성 속에 기입되어 있다고 주장하는 헤겔까지는 아니더라도, 인간의 정신은 다만 주객의 이원법적 도식 속에서 대상을 머-얼-리 바라보고만 있는 수동적 존재가 아닌 것이다. 세상이 표상(Vorstellungen)의 풍경이 되면서 의식적 존재인 인간은 주체가 되고 이로써 '존재 망각(Seinsvergeßenheit)'(M. 하이데거)의 시대가 열렸다고 하듯이, 유물론과 물심 이분법이 지배하는 세상 속에서 인간의 정신은 한갓 조작적 지성의 주체로 굳어지고 사물-사태와의 근본적 교감이 가능한 정신적 가능성은 잊히고 있다. 그러나 몸에서 마음이 생긴 것처럼 사물로부터 몸이 생긴 것이며, 따라서 물심(物心)은 서로를 매개할 수밖에 없다. 이른바 '불이

(不二)'에 관한 오래된 지혜의 교설들이 전하는 바의 알짬은 곧 정신이 매개적이라는 데 있는 것이다.

인문학, 혹은 매개학

From this it follows that the object of scientific knowledge is never known directly by observation or experimentation, but is only known by speculatively proposed theoretic construction or axiomatic postulation, tested only indirectly and experimentally via its deduced consequences. To find the object of scientific knowledge we must go, therefore to its theoretical assumptions.

그러므로 과학적 지식의 대상은 결코 관찰이나 실험에 의해 직접 알려지지 않는다. 그것은 단지 사변적으로 제안된 이론적 구성이나 공리적 가정에 의해 알려지며, 그것의 도출된 결과에 의해 단지 간접적으로 혹은 실험적으로 검증될 뿐이다. 과학적 지식의 대상을 찾기 위해서는, 그래서 우리는 그것의 이론적 가정으로 돌아가야 한다.

F. S. C. Northrop, 'Introduction to 「Physics and Philosophy」' by W. Heisenberg

We feel free because we lack the very language to articulate our unfreedom.

우리는 우리의 자유를 또렷이 표현할 수 있는 말이 없기 때문에 자유롭다고 느끼는 것이다.

Slavoj Žižek, 「Welcome to the Desert of the Real!」

물자체는 그것의 무매개성의 상실을 통해서 진리 속에 자리 잡게 된다. 다시 말해서 '외재적 반영'의 수준에선 장애물처럼 보이는 것이 진리에의 접근을 가능케 하는 실정적인 조건인 것이다. 사물의 진리는 사물이 그 직접적 자기 동일성 속에서 우리에게 접근 가능하지 않기에 나타난다.

슬라보예 지젝, 『이데올로기라는 숭고한 대상』

그러므로 자연적인 상태는 진위의 너머에 있는 것처럼 보인다. 자연이라는 가상(假象)은 막막료료(漠漠廖廖)하게, 이른바 '선악의 너머(jenseits von Gut und Böse)'에 무심하게 제 길을 간다. 동아시아인들은 천지불인(天地不仁)이니 혹은 천도무친(天道無親)이라는 은유로써 비슷한 이치에 박진하고자 했다. 하이젠베르크가 자연의 진리는 "인간이 선택한 설명의 방식에 의지한다(exposed to the human method of explaining)"거나 혹은 로티(R. Rorty)가 "진리는 낱말(어휘)"이라고 했을 때의 취지와 대동소이하다. 현대철학사를 놓고 말하자면, 현상학을 거친 이후에 등장한 여러 학설들은 대체로 이러한 해석학적 감각을 기본적으로 내장하고 있는 편이다. 내 식으로 고쳐 말하자면 인간은 언제나/이미 '개입'하고 있으며, 그 개입 속에서의 자연은 이미/언제나 세상인 것이다.

한마디로 지젝의 말은 진리가 매개적 생성물이라는 것이다. 하버마스의 표현을 빌리면, "수행적 재구성의 지식이 반성적으로 대상화된 지식을 대체한다"는 정도의 표현이다. 혹은 '물자체(Ding-an-sich)'와 같은 무매개적 실재는 형이상학적 가상이라는 말로도 읽힐 수 있겠다. 혹은 그의 표현대로 반영(反映)과 재현을 방해하는 (것처럼 보이는) 인식론적 과정이 '진리에의 접근을 가능케 하는 실정적인 조건'이 되는 것이다. 하지만 이것은 실은 하나 마나 한 소리다. 자신의 생활에 섬세하게 박진하는 자에게 이 이치는 아무 새로운 것이 아니다. 비록 그 맥락이나 방식은 상이하지만, 가령 불교나 동아시아 사상의 전통 속에서는 이미 2,000여 년 전부터 꼭꼭 새겨놓은 지혜의 한 토막이다. 세상은 이미/언제나 인간의 세상이며, 그 세상 속에서의 인간의 개입은 통시공시적으로 끝이 없다.

그러므로 엄밀히 말해서 진리는 자연의 것이 아니다. 가령 '자연'이라는 용어 그 자체가 이미 자연을 대상화할 수 있는 비(非)자연적 시선 속에서 성립하였듯이, '진리'라는 개념도 탈자연(脫自然)의 과정을 거쳐 자연을 향해 회귀하려는 복자연(復自然)의 시선이 생성시키는 것이기 때문이다. 성찰(省察)은 이미 일정한 거리와 매개를 필요로 하며 이를 용인하는 마음의 제도다. 그래서, 니체 이후로 안착된 것처럼 지식은 이미 '원근법적'인 것이다. 모든 것은 매개를 통해 변화하며 임시적이나마 제 자신의 정체를 유지하게 된다. 그러므로 역설적으로 들릴 수도 있겠지만, 자기 정체성을 위해서도, 또 그 정체성의 새로운 재구성을 위해서도 매개—이른바 장치(dispositif)이든 원형이든 혹은 밈플렉스(memeplex)이든, 혹은 그 무엇이든—의 문제는 피할 수 없다. 예를 들어 한나 아렌트는 노동이나 제작과 달리 행위(action)의 경우에 '사물/물건의 매개 없이 인간들 사이에서 직접 수행되는 활동'이라고 하지만 이것 역시 상대적 구별화에 불과하다. 지라르(R. Girard)라면 '직접적 자기 동일성'을 '낭만적 거짓(Mensonge romantique)'이라고 불렀을 법하지만, 진리는 오직 제 비용(費用)의 얼굴 속에서 나타날 뿐이다.

Humans ever begin(인간은 늘 시작한다)

시작은 역사적 사건이기 전에 인간의 최고능력이다.

한나 아렌트

To make a beginning—and it goes without saying that every beginning is supposed to be a new one—is strictly human. For, mythologically speaking, god is by definition a being without any beginning or end and moreover able to do 'creatio ex nihilo'. And animals, being incapable of any meaningful linguistic articulations, do not have clear-cut conscious boundaries whereby to single out any activities of theirs as 'the first' or 'new'. Therefore it can be properly maintained that there can be no beginnings without linguistic consciousness and that it'd be rather language itself(Ur-Sprache) that begins.

시작한다는 것은 엄밀히 인간적인 것이며, 말할 것도 없이, 모든 시작은 늘 새로운 것이다. 신화적으로 말하자면 신은 그 정의상 시작도 끝도 없는 존재이며, 게다가 '무(無)로부터의 창조'를 할 수 있는 존재다. 또한 동물은 의미 있고 명료한 언어적 발성에 이르지 못하기에 그들 자신의 행동을 '처음'이라거나 '새롭다'고 여길 수 있는 명석한 의식적 경계(境界)를 갖지 못한다. 그러므로 언어적 의식이 없이는 시작이 있을 수 없으며, 필경 시작하는 것은 근본 언어(Ur-Sprache)다.

We might suppose God to be, just 'be'. Humans on the other hand try to begin again and again while in the process of being live. But animals come into being and disappear without making any beginning or ending. This distinctively human principle applies to the 3 kinds of beings in terms of their respective linguisticality. Or we can possibly say that this could be safely translated into the typical process of the phenomenology of religion, which cannot be founded non-linguistically or non-semantically at the least.

우리는 신이 존재한다고, 그저 존재한다고만 여길 수 있다. 이와 대조적으로 인간은 살아가는 동안에 쉼 없이 '시작'하고 시작한다. 그러나 동물은 시작도 끝도 맺지 못한 채로 생겨났다가 사라지곤 한다. 이처럼 인간에게 특유한 원칙은 전술한 세 종류의 존재에게 그 각자의 언어성에 따라 다르게 적용된다. 혹은 이러한 논의는 종교현상학의 전형적 과정 속으로 옮겨질 수도 있는데, 이 과정은 적어도 비언어적으로, 혹은 비의미론적으로는 구성될 수 없다.

The matter-of-factly proposition of the humans being's capable of making beginnings may sound like too trivial a thing worth any serious mentioning. On examining, however, the symbolic significance involved in the inner structure of the human decision, one may be able to find that the decision to begin anew is the very spiritual eye of the human evolutionary typhoon. For, if, as Wittgenstein said, the philosophical problem has the form of 'Ich kenne mich nicht aus', the most general way of doing a philosophy is an incessant search for new beginnings. If you do not feel like beginning anew, then you might as well be judged as spiritually dead.

인간은 시작할 수 있다, 는 이 평범한 명제는 어쩌면 그리 심각하게 언급할 가치마저 없어 보일 수도 있겠다. 하지만 인간적 결단의 내적 구조 속에 개입된 상징적 의미를 살펴보면, 시작하는 결단은 인간에게 있어서 '진화적 태풍 속의 영적 눈'과 같은 역할을 해온 사실을 깨닫게 된다. 비트겐슈타인의 말처럼 만약 철학의 문제가 '출구가 어디인지 알지 못한다'는 형식의 것이라면, 철학을 하는 가장 일반적인 방식은 새로운 시작을 향한 끝없는 탐색일 것이다. 만약 당신이 새롭게 시작할 의욕이 없다면 아마 당신은 정신적으로 죽은 것이나 마찬가지일 게다.

주체화는 정신의 기획이 아니며,
자유로써 주체화할 수는 없는 법

자기(自己)는 복종을 통해 스스로를 구성해야 한다.

　푸코

막스 베버의 경우 … 저 '강철의 틀' 속에서의 자유일 때만 합리성과 내면적으로 일
치할 수 있다.

　칼 뢰비트

一つの道德の中で 彼らは自由で
하나의 도덕 속에서야 그는 자유롭다.

　三島由紀夫, 『潮騷』

한 방에서 서로 관계가 깊어지면서 다른 새로운 차원의 자유를 느끼게 됐어요. 피곤
한 몸을 이끌고 퇴근했는데도 누군가 내 이야기를 들어줄 때, 얘기할 곳 없이 혼자만
삭여야 했던 부자유와는 비교할 수 없는 자유가 느껴졌어요.

　조현, 『우린 다르게 살기로 했다』

우리 시대의 문제는 여전히 '자유'다. '자유가 아니면 죽음을!'이라는 종류의 자유가 아니다. 자유로써 주체를 구성할 수 없다는 사실은 명료해서 아예 별스러운 설명이 필요 없을 정도다. 그렇긴 해도 '해방된 노예'의 다양한 경우들을 통해 반론을 제기할 수 있을까? 예를 들어 윌리엄 월레스(William Wallace, 1270~1305)나 홍길동, 혹은 나혜석(羅蕙錫, 1896~1948) 등은 자신의 신세와 여건을 뿌리치고 자유의 가치를 향해 주체화한 사례가 아닐까? 실로 그렇게 보일 수 있겠고, 또 그렇다고 평해서 이상할 것도 없다. 하지만 문제는, '몸에는 자유가 기입될 수 없다'는 사실에 있다.

우리 시대의 지식계급이 영영 납득할 수 없는 게 바로 이 몸과 자유의 관계다. 자유를 정신과 지식의 문제로 이해하는 한, 정신으로 선취한 자유를 몸의 실천 속에 야무지게 기입할 수 없는 한, 마치 아이러니(irony)나 풍자의 경우처럼 기껏 초대한 자유는 부정(否定)의 시늉으로 기화하고 만다. 만약 자유의 주체화가 가능하다면 그것은 '자유를 향한 복종'이라는 내적 분열을 종용하는 형식으로 변하고 말 것이기 때문이다. 주체화는 정신의 기획이 아니며, 자유로써 주체화할 수는 없는 법이다. 오직하나의 생활양식 속에, 하나의 윤리 속에, 그리고 하나의 복종 속에서 주체는 갱신되며 부활한다.

자유의 무내용과 현명한 독재

인생에서 고귀한 것은 드물다. 드물 뿐만 아니라, 그것을 보존할 수 있는 '그릇'마저 없는 법이다. 꿀도 담을 수 있고, 보석도 숨길 수 있고, 시(詩)마저 써 놓을 수 있고, 심지어 네 애인조차도 잠시 품속에 잡아 놓을 수 있다. 그러나 시간도, 사랑도, 희망도, 그리고 자유도 담아 안전하게 보존할 그릇이 없는 것이다. 왜 그럴까? 왜, 인생에서 가장 고귀한 것들은 죄다 잡아놓을 그릇이 없을까?

실로 이는 뻔한 동어반복인 셈인데, 사랑이나 자유와 같은 것은 그 '내용'이 없기 때문이다. 명사화된 내용이 없으므로 손아귀 속에 잡아둘 방도가 없다. 또한 고귀한 것일수록 그 내용을 함부로 특정하는 게 불가능하기 때문이기도 하다. 사랑이나 자유처럼 그 내용물이 없는 것은 바로 그 부재의 탓에 오직 쉼 없는 상호 노동을 통해서만 근근이 제 모습을 얻는 것이다. 이를 일러 '동사적 실존'이라고 부를 만한데, 의식에 대한 제

임스(W. James)의 설명처럼 이것은 존재하는 게 아니라 기능하고 있기 때문이다. 그래서 우정이나 자유와 같은 것을 대하는 인간의 실존적 개입이란, 곧 그것이 기능하도록 애쓰는 노동의 책임을 말한다.

이러한 노동의 주체를 '현명한 독재자'라고 부를 만하다. 이것을 일러 독재(獨裁)라고 하는 이유는, 자유나 사랑의 알짬은 민주나 평등과 같은 이념에 의해 보장되지 않기 때문이다. 얼치기 자유주의자들이 섣부르게 매도하는 게 전통이다. 그러나 이들은 전통이 무너질 경우 더불어 무너지는 게 무엇인지 아예 깜깜하다. 전통이 무너지면서 얻는 소득의 전망은 늘 환몽적인 데가 있고, 그 전망은 생활에 밀착하면서 지불해야 하는 비용의 조건을 왕왕 생략한다. 헤겔의 지적처럼, 자칫하면 자유의 열매는 폭력적으로 바스러지고 만다. 사랑과 자유는 실로 무내용(無內容)한 것이어서, 안이하게 대처하면 그것들은 손가락 사이에 흘러든 물처럼 곧 소실된다. 여기에서 다시 '독재', 그것도 '현명한 독재'의 새로운 가능성을 되새겨 보게 되는 것이다. 자유나 사랑의 꿀맛은 독재의 쓴맛과 필경 다르지 않기 때문이다.

자연과 자유

이미 몸집이 어미보다 큰 새끼이건만, 어미는 제 새끼가 먹이를 먹을 때에는 즉시 동작을 멈추고 돌아앉았다. 이는 '내리사랑'이랄 수조차도 없는 본능이겠지만, 나는 번번이 음식을 먹는 제 새끼를 등지고 돌아앉아 가만히 어느 먼 곳을 바라보고 있는 이 고양이 어미의 모습에서 (내 마음대로) 어떤 '숭고함'을 읽어내곤 한다. 물론 숭고함(sublimity)이란 인간됨의 조건과 한계가 교직하는 특정한 정서적 반응이다.

초(楚)나라 사람인 노래자(老萊子)의 효성은 널리 알려진 대로 눈물겹다 못해 차라리 우스꽝스럽다. "나이 70에 어린이의 희롱을 짓고 색동옷을 입어 … 부모를 기뻐하시게 했다(行年七十作嬰兒戱身着五色斑爛之衣...欲親之喜)"는 일화는, '치사랑'이라는 인간적인-너무나-인간적인 극화다. 물론 이것은 '자연'에 반하는 행위이며, 고양이들의 세계에서 한껏 멀어진 연극적 실천이다. 고양이라는 자연은 약속할 수 없으며 충효(忠

孝)에 연연하지 않는다.

 가령 중들과 도사(道士)들은 고양이의 세계로 역진(逆進)하려는 수법을 이용한다. 호보(虎步)니 우보(牛步)니 하는 것들이나, 혹은 모모한 중들이 입만 벙긋하면 짐승의 자연을 지남으로 삼는 것도 마찬가지다. 그러나 호랑이의 재주나 소의 덕성(!)을 본받을 일은 없으며, 그들의 자리에서부터 자유의 이치를 궁구할 필요도 없다. 인간의 세계와 그 자유는 자연으로부터 연역되지 않는다. 인간의 자유가 있다면, 그것은 고양이나 호랑이의 세계로부터 영영 멀어진 곳을 향한 쉼 없는 노동의 결과이기 때문이다.

내재^{內在}의 운명 1

나는 자유에요. 엘렉트라. 자유는 번개와도 같이 내게 덤벼들었어요 … 나는 '나의
행동'을 한 거예요.

사르트르, 『파리떼』

1. 근대적 합리성의 성격을 비판, 청산, 진보의 이념 등속과 관련시켜
온 습관 탓에 거꾸로 알고 있는 이들이 많긴 하지만, 전통을 중시하는
사람은 대체로 합리적이다. 합리성이란 시의(時宜) 속에서 자기 정합성
(self-coherence)을 추구하게 되고, 이로써 고착되거나 심지어 새것-혐오
(neophobia)에 빠지기도 한다. 그러나 자신의 삶을 살아가는 사람으로서
그 합리성의 근거를 전통이라는 생활의 터전으로부터 구하지 않을 도리
가 없다. 생활 속의 여러 판단과 실천을 이끄는 지혜는 무엇보다도 지난
역사 속의 알갱이를 추려서 재활용하는 데 있다. 실천적 합리성의 근거를
전통 속의 경험을 다듬고 마물러서 얻는 이치는 우선 '내재적'이라는 데

에 특장이 있다. 그 속에 대단한 직관이나 번쩍이는 분석이 있는 것은 아니지만, 그야말로 생활밀착형이므로 생활을 보듬고 겪으면서 살아가는 생활인들에게는 가장 안심할 수 있는 가이드이기 때문이다.

2. 초월욕은 실로 인간됨의 조건일 것이다. 이는 정신을 가진 존재로서 피할 수 없는 일이기도 하다. 그래서 인간만의 존재 방식인 실존(Existenz)은 '자기 초월을 지향하는 과정'으로 이해되어왔다. 초월(Transzendenz)이라는 실존의 범주는 인간을 이해하는 데 극히 편리할 뿐 아니라 적절하기도 해서, 인문학적 탐구의 안팎에서 널리 애용되었다. 그러나 문제는 이 개념이 대체로 안이하게 해석되어 내재(Immanenz)와 '거의 이데올로기적으로' 대치됨으로써, 오히려 세상과 인생을 통새미로 해득하는 데 해악을 끼치는 지경에 이르곤 했다. 이른바 불이(不二)의 이치는 여기에서도 고스란히 제 모습을 드러낸다. 무이지(無二智)라고 할 수 있는 것들은 죄다 그 형식에서 초월-내재의 구성적 합일을 얘기하고 있는데, 이 점을 잘 살펴두는 게 매우 중요하다.

3. 흔히 '무신론적 실존주의'로 엉성하게 범주화했던 사르트르의 경우는 내재주의의 운명을 알리는 손쉬운 지표가 된다. 가령 인간이 자기 스스로에 관한 진실을 얻기 위해서는 반드시 타자를 경유해야 한다는 점을 강조한 것은 적절했고, 세속적 내재주의로 기우는 시대의 징표를 잘

드러내는 정식이었다. 실상 자신의 정체성을 구성하는 일과 세상 속에서 선택적 실천을 할 수 있게 되는 일은 동시적일 뿐 아니라 동률적(同律的)이기 때문이다. 그런 뜻에서 사르트르가 입신의 출발점으로써 "내게는 초자아가 없다"고 선언하고 무의식적 속박을 거부함으로써 자유를 향한 (무신론적) 실존적 재구성의 길에 나서게 된 일은 매우 인상적이며 또한 전형적이었다. 그러나 '과거의 분석'(프로이트)보다는 '미래의 선택'에 골몰하는 것은 이론이 아니라 기질이자 가족적 유산일 뿐이었다. 마찬가지로 내재주의가 초월주의의 초극일지, 혹은 단순히 그 은폐된 우회일지는 짧은 시선으로는 알 수 없는 일이다. 그러므로 내재라는 지향성은 초월의 네메시스가 아니라 이념적으로 변명할 수 없을 만치 충분한 우연이었던 것이다.

4. 서양 사상사의 맥락에서 볼 때 내재주의와 초월주의의 경합은 곧 기독교의 의미를 되새기는 것과 깊이 겹친다. 문제의 핵심은 기독교적 의미의 구원, 그리고 그 윤리에 있다. 기독교의 윤리는 삶의 의미를 지상으로부터 천상으로 승화하게 하고, 인간-신자들로 하여금 초월성의 지평에 집요하게 턱걸이를 하면서 살아가는 방식을 제시한다. 이는 서양의 고대, 특히 그리스 공화제의 '정치적 인간(zoon politicon)'의 삶에서는 찾아볼 수 없던 형식이었다. "인간은 그의 전 삶의 존재를 국가에 빚진다 … 그가 지닌 어떠한 삶의 의미나 정신적 가치는 모두 국가 속에 참여하고 공헌

함으로써 주어진다"는 헤겔(『역사 속의 이성』)의 말은 곧 그리스의 시민적 삶을 염두에 두고 정식화한 것이다. 개인의 소비를 자유와 혼동할 지경이 되어버린 작금의 여건 속에서는 도무지 납득할 수 없을 주장이지만, 국가를 독재나 전체주의적 이미지로만 도색해온 현대적 관습은 역사를 잊은 끝에 가능해진 지식인들의 풍경이자 그 보호색인 것이다. 그러므로 그리스의 정치적 인간과 기독교의 신자적 인간은 서양 사상사에 드러난 내재주의와 초월주의의 원형을 이룬다. 단순히 대별시킨다면 세속적 체제와 제도에 참여하고 공헌하면서 제 삶의 가치와 의미를 가늠하는 쪽이 있는가 하면, 인간의 세속 그 자체를 악(惡)이나 어긋남(差)으로 판단해서 세속의 저편을 추구하는 삶도 있는 것이다. '(초월적) 구원'이라는 가치는 이 분기점의 지표가 된다. 물론 구원에의 희원이 없이 사회적 삶의 조화와 성숙만으로 가능해지는 삶의 형식도 있고, 심지어 '내재적 구원'이라는 제3의 길을 열어봄직도 하다. 어쨌든 '초월적 구원'이라는 장치는 서양의 기독교가 보편화시킨 삶/죽음의 새로운 지평으로서, '이곳이 아닌 저곳'을 구하는 인간 정신의 완결판이자 그 도착(倒錯)이다.

5. 기독교의 초월적 구원과 세속적/내재주의적 실천 사이의 갈등을 당대의 자본제적 삶의 재구성 속에서 고민하는 중에 새로운 윤리적 틀거리를 마련한 이가 바로 막스 베버(1864~1920)다. 이 문제를 바라보는 그의 사회학적 시선은, "구원종교의 약속들도 처음에는 윤리가 아니라 의례적

(儀禮的) 전제조건에 연계되어 있었다"는 자신의 주장에서 분명해진다. 이는 이윽고 초월적 구원도 사회적 활동과 그 제도의 매개를 통해서 이루어질 수 있으리라는 그의 유명한 명제로서 결절하는데, '자본주의 정신과 개신교의 윤리' 간의 선택적 친화성(Verwandtschaft)에 관한 명제가 바로 그것이다. 물론 이를 이해하기 위해서는 서구의 초기 자본주의에서 가능했던 비독점적 형식 속의 윤리적 타협에 주목해야 한다. 당시 새로운 자본계급으로 등장한 기독교인들 중의 상당수는 자신의 종교적 열정을 세속의 재부(財富)를 향한 관심 속으로 이월(移越)시키고 있었고, 이러한 타협을 보장하도록 도와준 이데올로기가 재해석된 개신교(칼뱅주의)였던 것이다. 신흥의 자본계급으로 사회변동을 주도해가던 개신교인들은 자신들의 자본제적 삶의 방식을 이른바 금욕적 프로테스탄티즘의 윤리를 통해서 정당화한 셈이다. 그 어떠한 쾌락과 보상이 주어지더라도 인간은 즉자성(卽者性)에 만족하지 못하는 존재다. 자본의 증식만으로는 충분치 않으며 반드시 그 정당성을 수임하도록 돕는 윤리신학적 배후가 필요하다. 이는 졸부도 마찬가지이며 심지어 약탈경제의 주인공들조차 모종의 윤리적 정당화의 요구에서 자유롭지 못하다.

6. 그러므로 베버식의 절충은 자본주의에 대한 그의 이중적 태도에서 도드라진다. 개신교의 윤리로써 (초기) 자본주의를 구제하려고 했던 베버의 논리에는 자본주의적 합리화(Rationaliesierung)에 대한 어느 정도

의 의미심장한 믿음이 있었다. "베버는 보편적이며 불가피한 합리화라고 하는, 그 자체로서는 중립적이지만 평가하기에는 애매한 관점에서 자본주의를 분석하는데, 이에 반해 마르크스는 합리화와 마찬가지로 보편적이지만 전복시킬 수 있는 자기소외(selbstentfremdung)라고 하는 명백하게 부정적인 관점에서 분석한다."(칼 뢰비트, 『베버와 마르크스』) 하지만 널리 알려진 대로 관료제나 기업 등으로 대표되는 자본주의적 합리화의 구체성이 비인간화의 굴레를 피할 수 없으리라는 그의 비관적 진단에 의해 재차 논의의 긴장을 얻게 된다. 예를 들어 '카리스마적 지배'라는 개념이나 '세계사적 개인'이라는 다소 의심스러운 현상 등을 통해서 베버가 고민하려고 했던 것은 "주어진 사태에 항상 능숙하게 적응할 줄 아는 즉물적인 인간이 아니라 별을 잡으려는 자들"의 자리다. 이런 식으로, 위대한 정신의 분석과 성찰에 의해서, 초월성은 내재성의 세례를 듬뿍 받은 이후에야 비로소 다시 하늘로 되돌아가게 되는 것이다. 그러나 이것은 내재의 운명일까, 혹은 초월의 운명이라고 해야 할까?

내재의 운명 2

그(弘法)가 등신불(等身佛) 상태로 입적했다고 믿어지는 고야산(高野山) 오쿠노인(奧の院) 주변에는, 죽은 뒤에도 '대사'와 함께 있고자 하는 사람들의 무덤이 20만 기 이상 세워졌다.

宮崎滔天, 「日本密敎思の由來」

공인된 욕망의 대상이 소외받은 경우는 의외로 흔하다. 욕망이 공인 (公認)되고, 또 그를 보는 시선이 균등해지면, 그를 등거리에 둔 채로 중개자들이 서서히 발호(跋扈)한다. 이는 인간관계의 또 하나의 숨은 진실이 드러나는 가장 흔한 순간이다. 물론 이 틈에 "욕망의 대상은 그저 중계자를 얻고자 하는 알리바이"(르네 지라르)로 전락한다.

그러나 '모든 게 중계점'(들뢰즈)이라면 엄밀히 말해서 중계자들과 동떨어져 있는 욕망의 대상이란 비현실적이다. 그 모든 (욕망의) 대상은 인간의 시간 속에서 환상으로 멀어져간다. 혹은 그 몸의 주체는 이윽고 바

로 그 몸의 한계 속에서 스스로 그 욕망으로부터 소외된다. 그 모든 중심
은 인간됨(being-human)의 조건과 한계 속에서 이동하고, 엷어지며, 주
변과 섞이게 된다. 인연생기(因緣生起)하는 세속 속에서 제 홀로 중계점
의 노동을 멀리한 채 태양처럼 번쩍이고 있을 도리는 없는 것이다.

그러므로 욕망의 최종 대상으로 상정된-착각된 (초월적) 기의(signifié)
는 스스로 자기소외를 반복하지 않는 이상, 기의의 위치를 유지할 수가
없다. 이런 종류의 기의는 이른바 '군림하되 지배하지 못하'는 형국에 처
하게 되고, 이윽고 스스로를 유배시킬 수밖에 없어 자연히 그 초월성을
유지하지 못하게 된다. 그 욕망의 대상은 스스로 금제(禁制)를 어기고 내
려와서 내재화하는 것이다. 실존주의의 기본 명제처럼 인간은 자기초월
적 존재이고, 이 존재론적 기획은 늘 실패하는데, 인간됨은 바로 이 실패
의 체험을 역설적으로 해석하는 데 있다.

논변과 구제

Nicht Sieg sollte der Zweck der Diskussion sein, sondern Gewinn.
논변의 목적은 승리가 아니라 유익함이다.
Joseph Joubert

논변은 이중으로 불행한 일이다. 그 불행의 한쪽은 문사들의 허영과 고집 속에서 적나라하게 드러난다. 이 경우에 불행의 요체는 어떻게든 자신의 에고를 구제하려는 욕심이다. 또 다른 불행은 오히려 논변이, 그러니까 논변 그 자체가 성공적일 경우다. 이 경우는, 에고가 아니라 '사람'을 놓친다는 데에 문제가 있다. 사람을 죽인 채 이치를 독점하는 것에 삶의 향기는 없기 때문이다. 대학이라는 제도가 만든 세속에서는 제 잘난 맛에 죽으려 하지 않으니, 논변은 곧 부패하고, 사람은 헛것을 잡고 빈집에 돌아갈 뿐이다. 어울림의 꿈이란 논변이 화해와 구제의 도구이자 그 온전한 과정이 되는 데에 있다. 사람이 도구(Werkzeug) 이상이라는 말은 남을 돕지 못하면 이미 살아있는 게 아니기 때문이므로, 인간적인 너무나 인간적인 특징인 논변의 위상을 제대로 살피는 게 우리 삶의 요령일 수밖에 없는 것이다.

행지 行知

행지의 근본적 의미는, 지(知)는 없으며, 그것은 기껏 가현(假現)이라는 것이다. TV 따위에 나와서 제 재능을 뽐내며 그 주둥아리들을 안이하게 벌리고 있는 이들을 보아라. 그들은 죄다 온몸을 흔들면서 무슨 소리들을 내고 있는데, 필경 오직 무슨 '행동/행위'를 하고 있을 뿐이니, 그러면 지(知)는 언제, 어떻게 다가오는가? 행여 지식은 오롯이 다가오지 않는데, 지식은 오직 그대의, 그 삶의 몫이기 때문이다.

活在當下 혹은 carpe diem

샤프란스키에 의하면 '순간'이라는 개념은 1920년대 독일사상계를 지배한 중심 개념이다. 그리고 그 개념은 원래는 키르케고르에 의해서 발견되었다. 에른스트 블로흐의 '살아있는 순간의 깊이', 카를 슈미트의 '결단의 순간', 폴 틸리히의 '카이로스', 하이데거의 '순간' 개념에 이르기까지 모두 시간의 한가운데서 영원을 체험한다는 근원적인 순간에 대한 키에르케고르의 열정적인 사상의 영향 아래서 형성되었다 … 키에르케고르의 순간은 무한한 신이 유한한 우리의 삶에 침입해 들어오고 영원이 시간 속에 침입해오면서 우리가 신앙으로의 도약을 감행하는 순간이다.

박찬국, 『들길의 사상가, 하이데거』

하이쿠의 '스냅샷', 음악의 마(間)와 순간의 음색, 가부키 배우의 '미에(見え)' 등등. 도쿠가와 시대, 특별히 그 후반기, 에도 쇼쿠닌(職人)의 문화에서는 현재주의적 경향이 사람들의 일상적인 행위나 음식 기호에까지도 침투해갔다. 에도 토박이는 그날 번 돈을 지니고 있지 않다는 말이 있다. 매운맛이 일순 격렬한 와사비는 에도 풍의 요리를 특징짓고 있다. 바쿠후가 몇 번이나 반복했던 '개혁'조차도 그때뿐인 반응으로서, 어떤 장기적인 계획을 포함한 것은 아니었다. 바쿠후 체제가 영원하다면, 미래는 계

획적으로 설계할 필요가 없는 동적인 현재의 연장에 지나지 않는다.

가토 슈이치, 『일본문화의 시간과 공간』

하학(下學)의 기초는 근사(近思)와 더불어 우선 현재를 살아내는 일이다. 과거나 미래조차 현재의 개입에 의해 재생, 재구성되기 때문이다. 현재를 살아내는 일은 '지금 이것을 (다시) 시작(今是猶始)'하는 일이기도 하다. 시간은 우주 속에서 빛의 도움을 얻어 늘 영원한 현재이므로, 오직 현재 속에서 영원히 시작하는 것이다. 그러므로 상달(上達)조차 그 현재를 대하는, 그 현재에 응하는 방식일 수밖에 없다. "병법(兵法)의 도(道)에 있어서의 마음가짐은 평소의 마음과 같아야 해서 평상시나 전투시나 조금도 다르지 않아야 한다"(미야모토 무사시, 『오륜서[五輪書]』)고 하듯이, 지금의 여기에서 바로 '응할 수(物應事辨)' 있는 것, 여기에는 차마 하학과 상달의 구별이 없다.

비판은 사유하지 않는다

Die Wissenschaft denkt nicht.
학문은 사유하지 않는다.
M. Heidegger

비판적 사고는 공부의 쥐약이다.
박문호

　이 손바닥만 한 나라에서 인문사회과학을 한다는 것은 '비판적 사고' 라는 이름의 종교를 신앙하는 것과 마찬가지다. (그리고, 언제나처럼 신 앙은 공부가 아니다.) 이곳에서 스스로 똑똑하다고 '생각'하는 치들은 물 총새처럼 정신을 까탈스레 벼리면서 독표창(毒鏢槍)을 날릴 만반의 준 비를 갖춘다. 내가 말해온 '대학원생 콤플렉스'도 이런 지랄(知辣)을 지 적한 것이다. 한편 비판적 사고니, 창의적 학습이니, 상상력 교육이니 하 는 것들은 이미 그 슬로건 자체가 모순이다. 비판이나 창의나 상상은 대체로 자발적인 운동이며, 이미 개인의 재능과 기질에 상당히 의존하고 있기 때문에, 되는 자는 필경 될 것이며 안되는 자는 영영 안되기 때문이다.

비판적 사고라는 유행 속에서 제 역할과 가치를 잃어간 것이 특히 암송(記誦)이다. 유효성을 검증받은 지식들을 암기해서 적절히 네트워킹하고, 이러한 기억들을 쉼 없이 새로운 정보나 경험과 접속하는 일은 그 모든 학습의 기본이다. 하지만 기억의 안배도 없이 옛 좌도(左道)처럼 횡행하는 접속-기계들의 행진은 마치 식민지 점령군의 위세와도 같다. 이것은 "자유는 전통에 의존한다"(마이클 폴라니)는 지적의 인식론적 배경이 된다. 이 시대의 납작 대가리들이 영영 알 수 없을 말이지만 새로운 미래를 여는 것은 과거(전통)를 암송하는 길밖에 없다. 물론 암송 그 자체가 아니라 암송이 터져서-트이는 경험을 말하는 것인데, 무릇 사람이라는 정신은 '암송 그 자체'만을 행할 수는 없기 때문이다. 많고 좋은 지식이 잘 쟁여지고 시간을 얻어 발효하게 되면 반드시 그 정신은 터지고, 트인다. 비판이니 창의니 상상은, 그저 이러한 자연스러움에 기반해야 하는 것이다.

대개 사상은 벌침이나 개미침 같은 비판에 의해 형성되지 않는다. 비판이 다만 지적 트집(言いがかり)이나 변명(Ausrede)이 아니라 듬쑥한 사상에 이르는 길이 되려면 결국 생각들을 오래 묵힐(sich-ablagern) 수밖에 다른 도리가 없고, 묵히는 긴 과정은 마치 인욕(忍辱)하듯이 내면의 이

치를 좇아 스스로 침잠해야만 하기 때문이다. 묵혀야 사상이며, 사상이라야만 사람의 삶에 영향을 행사한다. 이 경우에 하이데거의 말이 좋은 지남이 될 것이다. "사유의 역할은 반대자(비판자)의 것이 아니다. 사유는 어떤 사태를 '위해서(für)' 말할 때에만 가능해진다."

비록 정답이라도 지나칠 경우에는 반드시 의심해 보아야 한다. '비판적 사고'라는 게 애초의 절실함을 잃고 유행으로 흘러 마침내 지나친 '정답'의 지위에 오를 경우에도 마땅히 의심의 대상이 되어야 한다. 그리고 마침내 비판이라는 행위는 작란이 되고, 에고의 분식(粉飾)이 되고, 정신계의 바이러스가 된다. 물론 키르케고르는 그것을 일러 '부정적 자유의 형식'이라고 할 것이다. 그러나 비판적 사고의 맹점에 관해서라면 무엇보다도 '사상의 형성'이라는 관점에서 살펴야 한다. 관건은, '그 비판은 사상과 어떤 관계를 맺고 있는가', 혹은 그(녀)가 '긴 호흡으로 자기 자신의 사상을 일구어본 경험이 있는가?'라는 데에 있다. 옛말에도 '만권의 독서를 한 다음에야(讀破萬卷書)' 그 글이 신의(神意)에 접한다고 하였던 것처럼, 마치 노예의 노역처럼 자신의 생각을 길고 깊게 감추어 발효시키는 과정이 있어야 사상은 태동하게 되며, 이 과정에서 섣부르게 웃자란 비판은 별무소용이다. 공부길의 우여곡절 속에서 비판적 사고는 피할 수 없다. 그러나 비판적 사고로써 공부를 할 수 있는 것은 아니다.

수컷들의 꿈

　수컷 일반이 잘 배우지 않(못하)는 원인은 여러 맥리에서 널리 알려져 있다. 생리화학(physicochemistry)의 갈래에서는 테스토스테론과 같은 남성 호르몬의 효과 속에서 집약적으로 살펴볼 수 있으며, 동물행동학의 맥락 속에서는 순위제(dominance system)를 둘러싼 사회적 행태가 이를 단적으로 알려준다. 특히 한국-남자들이 공부하지 않(못하)는 원인은 물론 이들 중 열에 아홉은 그 직업이나 나이와 무관하게 '건달'이기 때문이다. 사회적 성공의 꿈은 건달의 길과 매섭게 나뉘지 않는데, 그 길은 아무래도 공부길이 아닌 것.

어긋나는 세속을 지나면서도 가능한 지혜가 있다면

Hast du eine große Freude an etwas gehabt, so nimm Abschied! Nie kommt es zum zweiten Male.

당신이 어떤 것에 큰 쾌락을 느낀다면, 이제 이별하시라! 그것은 두 번 다시 오지 않을 쾌락이기에.

Hermann Hesse

예를 들어 '불운'을 말하거나 툭하면 징크스를 주워섬기거나 혹은 피박해자 시늉을 부리는 이들이라면 에고에서 '개입'이 증상화된 곳을 찾아야 한다. 진정으로 살고자 한다면 증상의 골방에서도 가능한 소창다명(小窓多明)의 기미, 그 외부성에 의탁해야 한다. '삶은 이미 그 자체로 위험하기(Leben ist immer lebensgefährlich)'(Erich Kästner) 때문이다. 또한 언제나, '기미를 읽는 게 지혜(智者知幾)'이기 때문이다.

그 모든 만남 속에는 이별(Abschied)의 기미가 부석거린다. 다만 만남의 즐김이 길게 이어지지 못한다는 삶의 상식으로 이 기미는 다하지 않는다. 세속의 어긋남조차 필경 인간의 세속에 관한 얘기이므로, 누군가 이 어긋남을 강조하는 순간 그는 이미 자기 증상에 조금은 되먹혀 있는 셈이다. 객관적 이치와 에고의 증상은 자주 겹쳐 그 경계는 흐릿한데, 그 경계 위를 살아갈 수밖에 없는 인간은 늘 현명할 수는 없어도, 그 겹침에 늘 유의할 수는 있다.

여기서 내 특별한 관심은 쾌락과 헤어짐 사이의 관계다. (여기서 헤어짐이란 '다시 오지 않음'으로 고쳐 읽는 게 낫다.) 가령 이런 식이다. 이십오 년 전쯤의 어느 때에 지금도 기억에 생생한 한 술자리가 있었다. 그 계기는 잊혔지만, 후학들 몇이 나를 위해 마련한 자리였는데, 두어 시간 남짓의 조촐한 회동이었지만 유난히 유쾌한 시간이었다. 그 술집의 분위기, 조명, 술과 안주의 종류, 그리고 심지어 그들이 흘린 미소까지 새벽 별처럼 아스라이 떠오른다. 나는 그 '행복'했던 어느 순간, 이런 생각을 하였을 법하다. '이런 순간이 다시 올 수 있을까. 이런 순간이 다시 오게 할 수 있다면, 아니 올 수 있도록, 어쩌면 나는 지금의 바로 이 순간을 아껴야 할지도 몰라', 라고. 하지만 실은 그 순간의 행복이란 게 진기하지도 별스럽지도 않아서, 나는 내심 '이런 순간은 언제든지 다시 올 수 있어 … 이 정도라면 다시 만들어 낼 수도 있어'라며 자신했을 것이다. 그러나 이제사 되돌아보는 그 사이의 이십오 년 중에는 '그런 정도의 순간'은 다시 없었다.

쾌락의 순간은 다시 오지 않는다는 사실, 혹은 쾌락의 순간은 이미 구성적으로 이별을 예정하고 있다는 사실을 깨닫는 것은 어렵고 또 불쾌하다. 그러나 '어긋남의 세속' 속을 살며 공부하는 자로서는 바로 그것이야말로 얻을 수 있는 최상의 지혜가 아닐 수 없다. 쾌락이라는 도드라진 행운의 순간은, 바로 그 주변의 빔(虛)을 희생함으로써만 근근이 주어진다는 사실에 유의해야 하는 것이다. 세네카(Lucius A. Seneca)의 말처럼, "인간은 두려워하는 것에서는 금세 죽을 것처럼 행동하지만 좋아하는 것에서는 마치 영원할 것처럼 행동한다(You act like mortals in all that you fear, and like immortals in all that you desire)." 그러나 매사 어긋나는 세속을 지나면서도 가능한 지혜가 있다면, 미워하고 두려워하는 것은 영원할 것처럼 대하고, 좋아하고 즐기는 것에 관해서는 금세 사라질 것처럼 여기는 일일 것이다.

나체와 진실

Nakedness is to be received as a shock, so is the truth.

나체는 충격적이다. 진리처럼.

B. Russell

The more severely he struggles to hold on to the primal face-to-face relation with God, the more tenuous this becomes, until in the end the relation to God Himself threatens to become a relation to Nothingness.

신과의 원초적 대면 관계에 더 열심히 매달리면 매달릴수록 그 관계는 더 허약해진다. 그래서 마침내 그 관계는 무와의 관계로 소실되어 간다.

William Barrett

　일본어에는 독일어처럼 생활의 복잡 내밀한 여건과 상황을 드러내는 다양한 조어(造語)가 많다. 생활밀착형 조어들의 존재는 한편 그 사회의 조직력과 탄성을 엿보게 하는 지표가 되기도 한다. 일본어에 '카미가꾸시

(神隠し)'라는 말이 있다. 옛말로서 주로 어린이 등이 갑자기 행방불명이 되는 일을 가리켰다. 잡스러운 사회문화적 분석을 생략하고 내 해석의 취의에 직입하자면, 이는 다름 아닌 '스캔들(σκανδαλον, skandalon)'이 생성되고 운용되는 형식을 말한다. 그 뜻의 하나는 장애물(stumbling block)인데, 카미가꾸시의 경우에는 카미(神)가 오히려 진실의 장애물로 기능하는 전통사회적 심성의 특유한 지점을 잘 드러낸다.

나체를 진실에 비견한 것이나, 진실에 대한 러셀의 재치 있는 소견도, 스캔들에 걸려 넘어지곤 하는 인간 심성의 일단을 표현한 것이다. 애초 나체를 왜 숨기게 되었을까? 하지만 정작 더 흥미로운 질문은 나체는 '무엇'을 숨기려고 했으며, 그 숨김의 인류학, 혹은 사회학 속에서 새롭게 생성된 것은 무엇일까, 하는 것이다. 이 논의에서 중요한 곳은 생각의 향배(向背)다. 생각은 빠르고, 에고가 위치한 당장의 자리를 중심으로 삼는 버릇이 깊기에 늘 실수한다. 구체적으로 말하자면 스캔들이 생기는 이유는 '살 ⇒ 옷'으로 향하는 생각의 기울기이며, 옷의 너머에 있는 (속)살로 호기심이 집중되거나 욕망이 재생산되는 메커니즘이 인과도착(因果倒錯)을 겪는다는 사실이다. '살 ⇒ 옷'은 명백한 계보학적 도착이다. 옷이 없었을 때는 역시 우리가 지금 알고-욕망하는 그 '살'도 당연히 없었기 때문이다. 말할 것도 없이 살은 옷 이후에 생긴 것이다.

같은 이치로, 진실을, 혹은 정확히는 자신의 에고가 기생하는 진실을, 중심에 놓고 사유하려는 마음의 향배('진실 ⇒ 거짓')는 도착이다. 진실의 도착(到着)은 늘 인과도착(倒錯)에 터한다. 이는 '철학자들이여, 진실(리)을 말하지 않도록 조심하시게!'(니체)라는 말의 뜻이기도 하다. 나체와 진실이 충격(shock)으로 다가온다는 러셀의 지적은 바로 여기에서 정곡을 친다. 나체와 진실은 '중심'이 아닌 것, 혹은 적어도 중심에 있었던 것은 아니기 때문이다. 그런 의미에서 나체와 진실은 정확히 '스캔들'인데, 역설적이지만 나체와 진실은 나체의 진실과 진실의 진실을 숨기기 때문이다.

대상, 모델, 그리고 경쟁자

　대상(Objekt)은 특정한 그룹이나 관계 속에서 욕망이 지향하는 최종적이며 항구적인 가치를 가리킨다. 어느 사찰에서는 성불(成佛)일 것이며, 교회에서는 예수/구원이고, 공동체에 따라서는 신선이나 성인(聖人)이기도 하다. 어느 연인들 사이에서는 '사랑의 확증이자 체현으로서의 섹스'일 수도 있고, 어느 공부-공동체에서는 '진리'를 그 욕망의 대상으로 내세울지도 모른다. 대상이 욕망을 잠재울 수 있다는 점에서 '욕망하는 인간(homo desiderans)'에게 대상은 항용 복합적, 배리적이다. 게다가 대상은 개인의 손아귀에 쥘 수 없는 것을 특정으로 하는데, 이로써 대상과 개인(욕망의 주체)은 소외되고, 이 소외의 자리에 이른바 대리보충적 현상들이 분화한다.

　대상이 아득해 개인과의 관계에서 실효를 잃으면 이에 대한 대리보충으로서 모델(model)이 등장하는 법이다. 대상이 아득해진다는 말은, 개인이 그 욕망의 대상과 직접 만나거나 소통할 수 없다는 뜻이다. 욕망이 환상으로 변질되거나 이데올로기를 만들어내는 곳이 바로 여기다. 부처를 원하는 대로 친견(親見)할 수 있는 중들은 주말마다 도박판을 벌이지 않을 것이고, 기도 중에 늘 예수를 만날 수 있는 목사들은 주말마다 서로를 '과장-부장-상무'로 호칭하면서 목동의 룸싸롱을 전전하지는 않을 것이기 때문이다. 대상을 대리하는 모델의 가치는 이중적이다. 신불(神佛)이나 사랑이나 진리와 같은 대상들에 대한 대중적인 이해와 접근이 용이하지 않기에 성직자나 그(녀), 그리고 선생과 같은 모델적인 존재가 보충적 매개의 구실을 하며 이 궁지에서 벗어나도록 돕기도 한다. 다른 한편, 이 모델들은 결코 대상을 완전히 체현할 수도, 대리할 수도 없기에 부정적 차이를 만들 수밖에 없고, 필경 그 관계를 왜곡시킬 뿐 아니라 급기야는 대상 그 자체를 차단하거나 금지시키는 역설적 힘으로 변질되기도 한다. 『카라마조프 형제들』의 한 대목에서는 재림한 예수(대상)를 옥에 가두고 마침내 이곳을 떠나달라고 윽박지르는 대심문관(모델)이 나온다. 그는 예수에게 '우리의 일을 방해하지 말라'고 말한다. 이처럼 대상과 모델은 (필연적으로) 상호 소외를 빚게 마련인데, 이 난경(難境)이야말로 오히려 지혜롭고 겸허한 모델의 중요성을 역설한다.

'어긋남의 세속'에서는 모델의 타락이 보편적 현상이다. 특히 종교계의 경우가 그러한데, 종교적 욕망의 대상인 신불이 워낙 애매하고 아득한데다, 그 접근과 해석, 그리고 보상의 방식이 또한 천차만별인 탓이 크다. 가령 욕망의 대상이 모모한 대기업의 상무라거나 행정고시 합격이라거나 이웃집의 갑순이라면 이를 실현하는 과정이 그처럼 혼탁하거나 암둔할 리가 없다. 종교적 대상을 대리하거나 표상한다고 주장하는 모델들이 흔히 건달스럽고 현대사상과 과학에 어둡고 사적 경험을 과대망상적으로 특권화하고 심지어 사익을 추구하면서도 대의(大義)를 떠들 수 있는 것은, 우선 그 대상이 워낙 애매모호하기 때문이다. 옛말에 '천 냥 시주 말고 애매한 소리 말라'고 하였듯이, 인간들의 삶의 자리는 매사에 책임질 수 있는 분명한 소통에 의해 맑고 밝아지는 법인데, 이 영역 속의 언어게임이란 게 지극히 투미하고 질둔해서 거의 유례가 없을 지경이다. 그러나 이 탓에 모델의 존재와 역할을 통째로 무시할 도리는 없는데, 종교적 대상이 환상적-이데올로기적 성격을 지닐수록 오히려 "지혜롭고 겸허한 모델의 중요성"은 더 긴요해지기 때문이다. 이것은 비교하자면, "모방을 피할 수 없기에 좋은 모방에 힘써야 한다"(르네 지라르)는 것처럼, 종교(성)를 피할 수 없다면 대상에 자의적, 기질적으로 코를 박을 게 아니라 좋은 모델(스승)을 구하고 이로써 배우려는 실천을 지속해야 할 것이다.

그러나 대상과 개인 사이의 직접적 관계를 완전히 도외시할 수는 없다. 종교의 영역에서는 언제 어디서든 신비주의의 전통이 있었다. 인간 개인의 실존이 무한으로 열려있게 된 호모 에렉투스 이후의 삶의 자리(Sitz-im-Leben) 속에서는 신비주의란 피할 수 없는 현상이다. 대상 (신)과의 직접적인 합일과 소통을 추구한 이들의 행태는 사제(司祭) 중심의 종교적 제도와 관행과는 늘 불화하곤 하였지만, 제임스(W. James)의 말처럼 경험의 변혁적인 끓어오름(spill-over)은 때로 어쩔 수 없고, 뉴버거(Andrew Newberg)의 주장처럼 "인간은 사실 자연스러운 자기 초월을 향한 내장된 천재를 부여받은 생래의 신비주의자들(Humans, in fact, are natural mystics blessed with an inborn genius for effortless self-transcendence)(『Why God Won't Go Away』)"일지도 모르기 때문이다. 한 걸음 더 나아가, 신비주의자와 예언자들이 사제와 종교 관료의 카르텔을 정화하는 힘으로 작동하기도 한다. 하지만, 종교는 특정한 문화와 제도의 체계이며, 개인적 경험의 독특성에 의해서 성립할 수는 없는 법이다. 체험은 귀하고 특이한 만큼 혼탁하고 자의적인 탓에 여럿의 정신과 희망을 향도할 수 있는 지남으로 삼기에는 항상 위험이 따른다. 그러므로 '사람의 일'로서의 종교적 관행과 실천은 대상을 향한 특권적 접속을 유예하거나 날카롭게 성찰하고 오히려 좋은 모델과의 협력을 통해서 '탐구하는 문화'를 일구어나가야 한다. 이 과정에서 궁극적으로는 대상을 지향하면서 생활 속에 더불어 어울리고/어긋나고 있는 이웃(신도들, 동학들, 혹은 동료들)의 존재와 역할은 실질적인 중요성을 띤다.

대상을 향한 경험주의적 투여를 삶의 제1의(第一義)로 두려는 학인/수행자의 모임(A)이 있는가 하면, 사제나 스승과 같은 모델의 가르침을 따르는 것에 치중하는 곳이 있으며, 혹은 '무교회주의'나 거사회(居士會), 그리고 독서회와 같이 동학과 신도들 중심의 대화-해석 공동체의 성격이 짙은 자율주의적 회합이 있다. 어느 곳이든 장단점이 있고, 운용의 방식과 참여자들의 실력에 의해 그 성취의 곡절이 나뉠 것이다. 이웃(신도들, 동학들, 혹은 동료들)의 역할은 우선 대상의 존재를 실질적으로 담보하고, 모델에게는 보상과 비평을 제공하는 데 있다. 대상과의 초재적 단절을 오히려 믿음/열정의 동기로 삼게 되는 이웃은 '실천적으로' 이 대상의 존재를 지지하는 토대가 된다. 이 경우 모델은 모임을 장악하는 제도적 주체가 된 탓에 대상을 믿지 않게 되는 역설에 빠진다. 말하자면, 대상과 이웃은 환상적 일치를 도모하거나 경험하(려)는 반면, 모델과 대상은 (모델이 대상의 존재와 효력을 보증해야 하는 불가능한 원칙 탓에 더더욱) 상호 소외의 관계를 피할 수 없고, 이로써 모델(들)은 이 소외된 빈 곳을 제도 권력으로 채우는 안정화의 길에 들어서곤 한다. 물론 이웃이 대상을 향해 언제나 행복한 환상적 관계를 유지하는 것은 아니다. 신비주의적-경험주의적-직관주의적 성향의 운 좋은 소수를 빼면, 대다수의 이웃은 대상과도 재차 소외를 겪게 되고, 이는 결국 모델들이 각축하고 있는 제도 권력투쟁의 자리에 휩쓸려 들게 만든다. 이른바 '인정투쟁'도 이 같은 각축의 현상이며, 이 투쟁과 불화 속에 말려든 이웃은 바야흐로 서로에게 경쟁자가 되며, 어느새 희생양을 요구하게 될지도 모른다.

학인/수행자의 꿈은 대상과의 행복한 결합이다. 그러나 대상은 대체로 환상과 이데올로기의 명분으로 낙착하고, 그사이에 들어선 모델은 선생/가이드의 역할을 하면서 이 관계와 모임을 구제하고자 하지만, 이미 그 역할의 불가능성 탓에 분열하거나 변질할 수밖에 없다. 이웃이 끔찍해지는 자리는 이곳에서 생겨난다. 이웃이 경쟁자가 되고, 모델은 권력자가 되며, 대상이 환상으로 물러서는 자리가 우리의 세속이긴 하지만, 그 자리 자리의 빈틈, 그리고 심지어 잘못 들어선 길(Holzweg) 속에서도 협지(狹地)의 공부길은 열린다.

재능이 없는 재주꾼

Intellectuals solve problems, geniuses prevent them.
지식인들은 문제를 풀지만, 천재들은 문제를 예방한다.
Albert Einstein

　이상하리만치 늦게 깨닫는 게 하나 있는데, 우리 사회에서 횡행하는 지식의 위상과 성격이 그것이다. 오랜 우문주의(右文主意)의 역사 아래 학력사회의 기치마저 요란하므로 늘 지식의 풍경은 어수선하다. 해서, 지식-덩어리는 쉽게 턱없는 아우라를 얻고 대중은 맥없이 쏠리곤 한다. 이 경우에 특히 중요한 지각(遲覺)의 원인이 이른바 '극장의 우상(idola theatri)'(F. 베이컨)이다. 어떻게 보면 '세상 전부가 극장(All the world's a stage)'(셰익스피어)인 것이다. 그리고 대중은 '극장적인 것들'을 믿고 환호하는 법이다. 알다시피 이제는 생활의 전 공간이 극장이 되었으며, 핸드폰이나 유튜브와 같은 매체들은 극장의 편재(theatrical ubiquity)를 실질적으로 증거한다.

　이 극장을 배경으로 어리석게 나대는 종류들 중에서 '지식인(edutainer)'의 위상은 다소 특이하다. 그것은 무엇보다도 이들의 경우 그 재능의 빈곤이 제대로 포착되지 않기 때문이다. 대중적 명망을 지닌 지식인과 강사들이 의외로 '재능'의 빈곤에 허덕이지만, 이 사실은 쉽게 덮이고, 오랜 세월 지식에 얹혀 있는 '전통적 지배'가 경조부박한 매스컴 환경과 접속하면서 업그레이드된 극장의 우상이 횡행하게 된다. 다시 말해 우리 시대의 특징적 질환의 한가지는, '재능'이 없으면서도 지식인-전문가로 입신할 수 있는 것이며, 게다가 운이나 '재주'가 있으면 매스컴이라는 극장의 우상으로 군림할 수 있다는 것이다. 동무에서부터 성인(聖人)에 이르는 그 모든 도움의 비밀은 실력일 뿐이므로, 극장들을 깨부수고 오직 자신의 실효를 증명하는 임상적 실력에 의해 자신을 증명해야 한다. 신해(信解)마저도 쉽지 않지만 수증(修證)의 임상이 있어야 하는 것이다. 아니, 늘 말해왔지만, "지행—Du bist was du tust, nicht was du sagst"(Carl Gustav Jung)을 강조하려는 게 아니다. 실력이란 늘 총괄적이기 때문이다.

진짜, 를 찾아서

왜놈 풍습에 어떤 재주, 물건이라도 꼭 천하제일을 내세웁니다. 이는 명수(名手)에서 나온 것이며 천금을 아끼지 않습니다.

姜沆, 『간양록(看羊錄)』

달리 말해서, 공부라는 것은 매사에 진짜를 구하는 애씀이다. 그리고 그 쉼 없는 실천을 통해 가능해진 솜씨를 가리킨다. 돌이켜 자신을 성찰하는 일조차 필경은 스스로가 '진짜'인지를 되묻는 노릇을 말한다. 가령 한국 사회를 막돼먹은 곳이라고 통새미로 타박할 수는 없지만, 이 사회를 살아가면서 늘 안타깝고 성가신 것은 주변에서 만나는 지식인이나 일꾼을 가릴 것 없이 제 일에 대한 관심과 솜씨로써 속알이 꽉 찬 경우를 보기 어렵기 때문이다.

가짜에도 종류가 많다. 그중에서도 특히 주목해야 할 것은 사이비(似而

非)다. 공자가 인정사정 살피지 않고 주살한 소정묘(少正卯, ?~BC496)의 경우를 잘 살피면 그 이치를 얻을 수 있다. "넷째는 기억력이 좋으면서 추악한 것만을 담아놓은 것이다. 다섯째 잘못을 저지르면서 변명이 궁색하지 않은 것이다."(재인용, Annping Chin, 『The Authentic Confucius』) 말하자면 진짜가 아니고, 진짜가 될 요량도 궁리도 의욕도 없는 주제에 진짜를 사칭하면서 주변을 현혹하고 꽁무니에 나방과 메뚜기를 달고 다니는 종자들이다. 사이비는 재능이 없지 않은데, 문제는 그 성격과 방향인 것이다.

결국 진짜가 되는 길은 일(事)과 물건(物)을 대하는 법식(物至而應事來而辨)에 달려있을 수밖에 없다. 나 역시 내 부족한 깜냥과 솜씨를 근심하면서, 어떻게 하면 진짜가 될 수 있을까, '갖은 곡절을 다 겪으면서(費盡周折)' 한 걸음 한 걸음, 이른바 '존재론적 비평'의 주체가 되고자 애써오고 있는 것이다. 군자(君子)니 초인(Üebermensch)이니 달인이니 혹은 그 무엇이니 하지만, 요점은 진짜가 되려는 애씀에 있을 뿐이다.

2장

자기실현은
무엇의
부산물일까

자기실현은 무엇의 부산물일까

世の中は 地獄の上の 花見かな

세상은 / 지옥 위에서 / 꽃구경하는 것일까

小林一茶

'날지 못하는 것은 운명이지만 날지 않으려고 하는 것은 타락'이라고, 말했다. 하지만 나는 것은 구체적인 삶의 목적이 될 수 없다. 그것은 그저 실존의 방향이거나 자기만의 윤리적 선택이거나 혹은 제 나름의 스타일을 품은 의욕이랄 수 있을 뿐이다. 그 역(逆)을 일러 타락이라고 강변할 수 있었던 것도, 그것이 어떤 객관적 성취나 진보를 뜻하는 게 아니라 사람이라는 초월적 실존의 진정성을 표현하기 때문이다. 인문학과 철학의 글쓰기에서 자신의 주체를 묻지 않는 글이 필경 사이비일 수밖에 없는 것처럼 날지 않으려는 것은 곧 타락이 된다. 그리고 '타락'이라는 비판은 그 행위가 주체를 문제시하는 한에서만 가능해지므로, 이 실존의 기동인 비상(飛翔)은 결국 자기실현(self-realization)을 향하게 된다.

그러나 자기실현의 과정에는 반드시 기연(奇緣)이 있다고 하지 않던
가? 그러므로 무릇 자기-실현이란 자기-목적으로서 이루어지지 않는다.
'자기'를 향할수록 자기-실현이 불가능해지는 당착인 것이다. 자기실현
은 오히려 어떤 부산물로서만 가능해지는 과정이다. 무엇의 부산물일까,
라고 묻고 싶지만, 그런 물음의 욕심이 이미 쾌애(罣碍)인 것이다.

환幻의 한 가지 기원

당신은 이단 종파의 교주들이 휘두른 권력에 황당해하고, 종복처럼 그 아래에서 맹신하는 신자들의 행태에 혀를 찬다. 물론 당신은 '믿음'이 부족하다. (무엇보다도 '회개'를 하지 않으려고 하기 때문이다.) 그래서 그들 사이의 환환(幻環)을 영영 이해하지 못한다. 이 환(幻)의 고리(環)를 혈류처럼 돌아다니면서 합리와 상식을 회피하는 기제를 일러 '카리스마(charisma)'라고 부른다. 카리스마가 재생산하는 환(幻)은 과연 어느 정도의 현실일까? 혹은 현실이라고 불리는 당신의 생활은 어느 정도의 환(幻)일까?

인간의 일은 상호개입에 의해 추진력을 얻을 뿐 아니라, 바로 그 탓에 자신이 하는(한) 일과 그 영향에 대해 어두워지곤 하는 것이다. 젊은 싯다르타가 연기법(緣起法)을 얻어 성도(成道)하였다고 했지만, 만약 누구든지 매사 자신의 개입을 환히 알아챈다면 그것은 곧 견성(見性)에 버금

갈 것이다. '자신을 아는 게 밝은 것(自知者明)'이라고 했듯, 언제나 자등명(自燈明)이 어려운 노릇이다. 앞서 말한 카리스마의 환환도 상호개입의 메커니즘이 작동하고 있는 몹시 흥미로운 사례로 해석할 수 있다. 이경우 '카리스마의 힘(charismatic spell)'은 교주가 일방적으로 분출(?)하고 있는 능력이 아니며, 반드시 이와 관계를 맺는 신도의 적극적인 개입에 의해서 생성, 유지된다. 이것은, 가령 이데올로기의 힘이 지배자의 지배권력과 피지배자의 (자발적) 동의에 의해 서로 물고 물리는 과정인 것과 마찬가지다.

이데올로기적 지배가 피지배자의 동의와 내적으로 일치하듯이, 지도자의 카리스마도 이를 믿는 자들의 자발적 동의와 사통하고 있다. 특히베버(M. Weber)에 의하면 바로 이 접속의 매개는 다름 아닌 '피지배자의심정적 회개'다. 잘라 말하자면, 카리스마는 그 자장(磁場) 속에 든 사람들의 회개(悔改)와 반성을 먹고 번식한다. 그러므로 카리스마의 효력은자립적이지 않으며, 역으로 회개의 효력으로부터 연역될 수 있는 것이다. 이상한 일이지만, 우리는 회개하는 이들에 대해서는 쉽게 공명하면서도그 회개에 의해 성립-재생산되는 카리스마에 대해서는 쌍심지를 세우고비판의 칼날을 휘두르곤 한다. 말할 것도 없이 모든 회개가 다 좋은 게 아니며 모든 카리스마가 다 나쁜 게 아니다.

환(幻), 혹은 환환(幻環)의 한 가지 기원은, 기이하게도 '참회'다. 전쟁특수(戰爭特需)라고 하지 않던가, 위기-기회라고 하지 않던가, 과복이생재(過福而生災)라고 하지 않던가. 참회, 라는 아름다운 이름 속에도 명암이 있는 것이다. 카리스마와 참회는 서로 개입하는 고리를 만들어 엉켜들어 때론 스스로 상상할 수 없는 결과를 맺는다. 참회는 비유하자면 그 마음의 상태를 요(凹)로 만들어 놓는 것으로서, 철(凸)의 상태로 설쳐대는 카리스마에게 자진해서 코를 꿰는 셈이다. 그러나 이 요철의 조합이 반드시 부정적일 필요는 없다. 지혜로운 카리스마가 헌신적인 추종자들과 일심동체가 되어 국가적/사회적 위난을 극복한 사례는 적지 않다. 거꾸로 제 욕심에 어두워진 카리스마가 맹목이 된 신자들을 악도(惡道)로 몰밀어간 경우도 어렵지 않게 찾는다. 카리스마적 개인은 대체로 자기 확신에 들떠 있고 스스로의 과업을 천명(天命)인 듯 내세우면서 믿는 자들의 반성과 회개를 동원의 동력으로 삼기 때문이다.

'그 역逆은 성립하지 않는다'

'그 역(逆)은 성립하지 않는다'는 말을 잘 살피면 인생살이의 지혜가 스치듯이 묻어있다. 가령 지혜로운 자는 필경 자비로운 자일 것이지만, 하지만 자비롭다고 해서 반드시 지혜로운 것은 아니다. 지행(知行)의 불일치를 탓하는 갖은 삽화들도, 쌍방향을 트지 못한 채 제 자아의 증상이 획득한 대로의 길만을 집착하는 인간의 일반적인 꼴을 잘 드러낸다. 내가 오래전부터 '어긋나는 세속'이라거나 '호의'에 대한 비판을 지속해온 연유가 여기에 있다. "많은 이들이 사랑하는 것도 잘 살펴야 하는 것(衆愛之必察焉)"(논어)처럼 말이다. 그러나 역(逆)이 성립하지 않는 게 인간사의 필연은 아니다. 공부길이 좁은 길(狹い道)의 너머에서 개창(開創)되는 새로운 가능성에 의지하는 지속적인 과정이라면, 마치 변증법적 일치에 의한 즉자대자존재(An-und-Fürsich)의 종합과 같은 식으로 이윽고 그 역(逆)까지 성립시킬 수 있는 실력이 생길 테다.

정하기^定 전에는 놀라는^驚 법

까마귀는 일정한 빛깔이 없는데(彼旣本無定色) 내가 먼저 놀라 정해버리고 만다.
　　연암

얼마나 흥미로운 표현이며, 직관인가! 연암의 말처럼, 정신이 있는 존재는 대개 정하기(定) 전에는 놀라는(驚) 법이다. 개입, 개입하였지만, 이는 인간이라는 개입의 복합체가 개입하는 가장 기초적 형식이기도 하다. 인식론/해석학이 바로 이러한 개입과의 투쟁인 것처럼 이른바 집중이나 명상도 그러하다. 집중이나 명상이란 바로 이 놀람을 지긋이 짓누를 수 있는 능력이다.

그러나 이 능력에 대해서는 다른 기회에 얘기하도록 하고, 지금의 화제는 결정에 구성적으로 깃든 요동(搖動)에 관한 것이다. 우리말에 '전주르다'는 동사가 있는데, '동작을 진행하다가 다음 동작에 힘을 더하기 위하여 한 번 쉬다'는 뜻이다. 혹은 군대에서 흔히 사용되는 말로서 '예비동작'을 떠올려도 좋다. 글의 요점은 정하기, 즉 결정이라는 행위가 이루어지는 과정에 개입하는 것이 무엇인가 하는 문제인데, 전주름이나 예비동작은 이런 과정 속에 구성적으로 깃들게 되는 인간적 개입의 전형을 알려준다. 문호(文豪) 연암은 이를 (어떤) '놀람'으로 여긴다. 아, 연암의 인식(론)에 사뭇 시대를 앞서는 이치가 있지 않은가? 과연 행지(行知)의 수행성을 일러주는 말로서 "내가 먼저 놀라 정해버리고 만다"는 표현보다 더 깔끔하고 흥미로운 것을 본 적이 없다.

경험의 딜레마와 앎

그러나 경험은 그 자신의 뿌리를 알 수 없는 깊이 [ ]에 숨겨 암호를 전달하는 밀사와 같다.

ㅂㄷ, 「안티호모에렉투스」

경험의 목표가 개인을 성숙으로 인도하는 것인 한, 경험은 그 자체로 완벽한 것, 겪을 수 있을 뿐만 아니라 가질 수도 있는 것이었다. 그런데 그 대신 경험이 일단 학문의 주제가 되는 순간, 경험은 불완전한 것, 일종의 접근선적 개념, 그리고 칸트의 말처럼 겪을 수 있을 뿐 가질 수는 없는 것이 되어버린다. 즉 경험은 무한한 과정이나 다름없는 것이 된다.

Giorgio Agamben, 「Infancy and History」

'보는 것이 믿는 것(Seeing is believing)'이라듯, 혹은 '먹어봤어?'라고 하듯 상식은 경험이 이끄는 게 보통이다. 벌써 '이끈다'고 하였지만, 경험도 진리의 거울이 아니라 제 나름의 조건과 맹점을 지니고 있다. 이런 뜻에서라도, 학인과 상식인의 태도에 차이가 있다면 그것은 바로 경험에 대한 접근방식일 것이다. 경험이 갖는 그 보편적 유익에도 불구하고, 앎의 딜레마에 처해서 절문(切問)해본 일이 없는 상식인은 경험에 '빠지'기 쉽다. 이 '빠짐'의 성격을 한마디로 규정하기는 어렵지만, (이상한 놈/년과) 사랑에 빠진다거나 (사이비)종교에 빠진다는 등속의 드라마를 생각해보면 대략 그 취지를 유추할 수 있다.

문턱이 없어지면서 환대는 사라진다

문턱이 없어지면서 환대는 사라진다.
니콜 라피에르

How can you franchise hospitality?
환대를 어떻게 프랜차이즈 할 수 있는가?
Danny Meyer

말 많은 프랑스인들처럼 '환대의 불가능성'이니, 타자성에 근거한 애도의 불가능성이니, 혹은 보시(布施)나 선물의 불가능성 등등을 주워섬길 필요는 없다. '인간의 일'이라는 관점에서 보자면, 이러한 불가능성이란 인간이 살아가는 일상적 현실이 아니기 때문이다. 그것은 다만 현실의 긴장과 유연성을 조율하는 비현실적 한계지평일 뿐이다. 알다시피, 인간은 상징을, 희망을, 이상(理想)을, 그리고 내세를 살아갈 수 있는 존재이기 때문이다.

과연 환대는 불가능한 면이 없지 않지만, 그것은 희망과 이상을 향한 비현실적 잉여의 의식일 뿐이다. 인간의 생활 속에 있을 환대라면, 그저 상식에 의해 이루어지면 족하다. 이는, 내가 호의호감에 관해 말한 비평적 방식에 준한다. 호의호감은 아직 아무것도 아니더라도 슬금하게 감사를 표시하면 그만이듯이, 그 누구의 환대라도 아직은 아무것도 아니지만 그 역시 슬금하게 감사의 뜻을 표하면 족한 것. 다만 덤으로 기억해야 할 것은, 이 시대의 환대는 모짝 문턱이 사라진 이후의 환대라는 사실이다.

당혹과 무력감이 바로 그들의 자생력이라면?

"Room Wear is only in the room."

일본 어느 호텔의 승강기 속에서 본 안내문이다. 비문(非文)은 아니되 명백한 오문(Jenglish)이다. 필시 객실마다 비치된 유카타(浴衣)는 해당 객실 내에서만 사용하라는 의미의 안내일 것이었다. 하지만 취지와는 달리 이 문장은 '실내복은 오직 방 안에만 있다'는 뜻이 되고 만다. 이는 목적어를 직접 부리는 타동사를 삼가고, 가능하면 자동사형으로 술어를 만들어내는 동아시아어의 습벽을 고스란히 드러낸 오류로 여겨진다. 당연히, 우리라면 '나는 방을 가지고 있다(I have a room/ Ich habe ein Zimmer/ J'ai une chambre)는 식으로 말하지 않는다. 한글/중국어/일본어의 경우에는 타동사인 '가지고(have/ habe/ ai)'를 없앤 채 '나는/내게는 방이 있다(我有一个房间/ 私は部屋がある)'고 말하게 된다. 타동사가 아닌 자동사 '있다(有/ ある)'로 족한 것이다.

하지만 이렇게 말한다고 해서 호텔의 승강기에 번연히 붙여놓은 이 오문이 제대로 설명된 것은 아니다. 흥미롭게도 이런 식의 오문을 그 사회의 문화적 자생력으로, 그 지표로서 이해한 사람이 여성학자 정희진이다. 오래전『페미니즘의 도전』을 읽는 중에 그 같은 취지의 문장을 접하고는 무릎을 쳤고, 그 순간『탈식민성과 우리 인문학의 글쓰기』를 쓸 당시의 직감을 향해 쏜살처럼 되돌아가는 것을 느꼈다. 나는 세월호 침몰 사고가 있던 시기에 마침 일본의 교토(京都)에서 두어 달 정도 체류하고 있었는데, 대체로 그 사회생활의 결곡하고 튼실한 이미지에 놀라는 중에, 일본 사회가 얼마나 한국에 알려져 있지 않은지, 그리고 역시(!) 한국의 근현대화의 비밀은 '친일(親日)'의 문제를 포함한 일본이라는 사실을 통감하였다. 그리고, 처음 내가 불구대천지수(不俱戴天之讎)의 말인 일본어 대신 영어로 거래하고자 했을 때, 일인들이 드러낸 그 당혹과 무력감이 바로 그들의 자생력일 줄이야!

그날의 진실은 당신의 말이었다

Einer Frage entspricht immer eine Methode des Findens. Oder man könnte sagen: Eine Frage bezeichnet eine Methode des Suchens.

하나의 질문에는 언제나 하나의 발견술이 상응한다. 달리 말해서, 하나의 질문은 하나의 발견술을 나타낸다.

L. Wittgenstein, 『Philosophische Untersuchungen』, Frankfurt am Main 1981, S. 77

어떤 하나의 말을 상상하는 것은 어떤 하나의 삶의 형태를 상상하는 것이다.

L. Wittgenstein, 『Philosophische Untersuchungen』

말이 많으면 궁하다(多言數窮)거나 위험하다(侫卽殆)고 하는 데에는 제 나름의 이치가 있다. 물론 여기에는 특히 동아시아의 윤리나 습속이 밑절미처럼 깔려 있다. 아니, 윤리와 습속 이전에, 인간됨과 언어성 사이에서만 엿볼 수 있는 함정이 있기 때문이다. 혹은, 역시 말(言)은 근본적으로 행(行)에 미치지 못하는 상징이기 때문이다. 그러므로 지행(知行)

이 아니라 '행지(行知)'라고 한 것이다.

하지만 말은 구성적이며, 삶의 형식을 조형하는 힘이 있다는 사실을 밝힌 게 서구 지성사의 역량이기도 하다. 단순히 기호라거나 사후적인 표상에 머물지 않는다는 뜻이다. 말은 상징적 재현의 장치라는 보수적인 기능을 수행하기도 하지만, 새로운 상징들을 만들어냄으로써 기존의 생활양식에 비판적, 창의적으로 개입하기도 한다. 뉴턴의 사과처럼, 다윈의 갈라파고스처럼, 당신의 첫사랑처럼, 한때 그 말은 당신의 세계를 뒤흔들 수도 있었던 것이다.

말을 찾아가는 버릇이 깊어

베토벤이나 세계 유수의 성악가라도 아주 길게 참을 수는 없지만, 나는 판소리라면 몇 시간이라도 가만히 들을 수 있어 그게 왜일까, 드문드문 생각해보다가 이윽고 내게는 예부터 '말을 찾아가는' 버릇이 깊은 게, 그 고질이겠다, 하였다.

술어, 혹은 부사

부사(副詞)에 대해선 이미 많은 말을 하였다. 그것은 늘 술어에 소외당하면서도 주어의 길을 아랑곳하지 않는다. 표상 권력의 중심인 주어가 허물어지는 곳을 가장 빠르게 깨닫하는 기운이 곧 부사이며, 부사적 삶이다. 그러나 '진실은 어디에 있는가?'라는 유행의 물속에 발을 담그는 순간 다시 재표상의 덫에 되잡힌다. 주어가 무(無) 속에서 유를 고집한다면, 부사는 무, 혹은 무의 창의성을 향해 늘 달아나기 때문이다.

실효^{Geltung}, 의미^{Bedeutung}, 재미^{Vergnügung}

실효성을 과신하는 종교인을 일러 광신자라고 부른다. (무릇 종교란, '강하게' 믿는 게 아니다! 強신자는 狂신으로 흐르게 마련이다.) 만약 예술가나 철학자가 그 실효성을 광고하느라 여념이 없다면 그는 필경 장사꾼이 되는 셈이다. 예술의 진실을 제아무리 폭로("I just do art because I'm ugly and there's nothing else for me to do." Andy Warhol)하더라도, 철학이나 예술의 혼(魂)은 이른바 '무능의 급진처'를 아주 떠나지는 못한다. 그러나 정치인이 정치의 실효성을 강조하는 것은 마땅한 일이지만, 스스로를 '의미 깊은 존재'로 표상하는 짓은 신정일치(神政一致)에 버금가는 시대착오적인 허영이다. 김일성이 아주 그랬고, 박정희도 조금 그랬다.

하지만 그 어느 편이든 '재미'가 생기는 것은 가릴 일은 아니다. 하지만 이 '덤'은 그저 덤으로 생겨나고 사라져야 할 것이니 '굳이' 쫓아다닐 노릇은 없다. 한편 자본주의란 실효성의 값으로 계층화된 체제를 뜻한다.

심지어 재미와 의미마저도 실효의 시스템 속으로 되먹임된다. 재미있지만 의미 없는 놀이가 있고, 사회적 실효성을 지니지만 따분한 노동이 있다. 한편 의미 있고 재미까지 덧붙어 있긴 해도 그 실효성이 애매한 일도 있다. 그러나 당신이 만나는 그 누구(무엇)가 의미 있고, 재미있으며, 심지어 실효성까지 갖추고 있다면, 그것은 필경 가상(Schein)일 것이다.

보상의 위기와 인색한 자들의 욕망

만약 예수가 이른바 '신적 자의식'을 지녔고 그래서 바울의 그리스도-보편 신학화가 신앙적 도약에 의한 추론이 아니었다면, 십자가 위의 예수가 느꼈을 감회(憾懷) 속에는 최소한 '보상의 위기'는 없었을 것이다. 이 것이, 곧 '행복한 예수'의 단서가 된다. 그 기이한 일련의 사건들이 스스로 신(神)이라고 자신했던 젊은이가 세속을 거닐었던 것이었다면, 비록 그의 주변에 모여든 인간들이 '자신들이 하는 일이 무엇인지 몰랐'더라도, 그 신(神)의 걸음은 단단하고 가벼울 수밖에 없었기 때문이다. 불천노불우인(不遷怒不尤人)의 윤리는 오직 인간의 것이기 때문이다.

예수 같은 자들이 아닌 자들, 즉 인색한 자들은 진작 보상의 위기를 체득하고 있었던 것이다. 그러면 타인을 도운 적이 없으면서도 이미/늘 보상의 위기를 근심하는 이들의 욕망은 무엇일까? 그 배은망덕의 기원은 어디에 있을까? 물론 그 욕망은 어느 특정한 과거에 묶여 있는데, 이로써 우리가 생생히 알 수 있는 것은, 인색함의 실체가 그 근본에서 '과거적'이라는 사실이다. 그러니까 이들은 과거의 탓으로 미래에 인색한 것이며, 과거로부터 증명되지 않는 부채(負債)에 시달리면서 거의 '기질적으로' 타인들을 원망하고 있는 셈이다.

가령 "독기를 품은 부모들(toxic parents)"(Susan Forward)은 이 같은 인색함의 전형을 보인다. 이들의 인색함은 특히 애정(affection)과 돌봄(caring)에서 극적인 꼴을 보인다. 이미 여러 연구자들이 밝혀놓은 것처럼, 이들 부모는 제 자식들의 성장과 성숙에 불편과 불안을 느끼며 그들의 사회적 성취에 노골적인 질투를 감추지 않는다. 특별히 모성애—'부성애' 따위는 말할 가치도 없지만—를 개인의 보상욕과 대비시키는 것은 인간의 심리와 그 연원을 파악하는 데에 개안(開眼)의 효과를 낸다. 증여와 무상의 노동을 특화할 수밖에 없는 공동체 속에서 보상의 위기들을 피할 수 없지만, 자식에 대한 이들 부모의 질투와 시기는, 리비도적 결속의 명암이 무엇이며, 또 필경 보시(普施)나 회향(回向)이 이념이 개인들의 정황 속에 어떻게 묶여 있는가를 극명하게 드러낸다.

'보상의 위기', 혹은 이른바 '착한 자들의 딜레마'는 서로 간에 리비도적 결착이 심하고 주고-받기의 주된 형태가 증여(贈與)인 관계에서 심화된다. 물론 가족관계가 전형적인 자리이며, 애인이나 친구 간에서도 이 위기/딜레마를 피하기는 어렵다. 마찬가지로 교회나 사원(寺院)을 위시한 여러 종류의 공동체들의 풍경 속에서도 비슷한 꼴들은 쉬지 않고 드러난다. 그러므로 성실한 자들이 보상의 문제로 원한에 떨거나 인색한 자들이 손공이기(損公利己)의 악습 속에서 암약할 때, 오히려 합리적으로 운영되는 자본제적 삶의 양식이 돋보일 수도 있다. 신용의 체계 위에서 구축된 '돈 주고 돈 먹는' 방식이 더 매끈하고 더 경제적일 수 있기 때문이다.

그러나 사람들은 언제 어디서나 이 합리적인 교환의 체계에 완전히 잠식되지는 않는다. 약탈-증여의 오랜 기억은 인류의 집단무의식 속에서 원초적 쾌락의 형식으로 잔존하고 있고, 이 형식은 다소 변형된 모습으로 쉼없이 되살아오르고자 하고 있기 때문이다. 그러나 약탈을 완전히 포기한 채 증여의 삶으로 특징지워지는 보살도의 길은 현실적으로 태양에 근접하는 이카루스의 궤도처럼 위험할 수밖에 없다. 공동체적 따스함 속에서는 항상 곰팡이가 서식하고, 양지의 저편에서 지속되는 노동은 늘 잊히곤 하기 때문이다. 타자성의 아득한 지평 속에 암약하는 관계의 블랙홀들 속에는 보상의 위기가 들끓고 있다. 그리고 언제나 우리 곁에 있는 인색한 자들은 그 위기 속을 빗금으로 움직이면서 그 삿된 욕망을 채운다.

'사람'을 신뢰할 수 있을까?

どちらにせよ死ぬであれば, 親鸞聖人のもとで終わりを迎えたいと思ってやってきました. 어쨌든 죽을 수밖에 없다면, 신란 성인이 계신 곳에서 생을 마감하고 싶다고 생각해서 찾아왔습니다.

『親鸞聖人御消息』第13通(同朋/覺信)

사람의 신뢰는 애욕을 넘어서서 강강(剛剛)할 수 있을까? 신뢰는 변덕의 계절과 피의 가족을 넘어설 수 있을까? 신뢰는 거짓을 밟고 총총(悤悤), 천 리를 갈 수 있을까? 신뢰는 원념(怨念)을 점처럼 굽어보는 속도로 아득히 피어날 수 있을까? 신뢰는 집중의 삶이 초대하는 그 빔(虛室)의 장소 속으로 차근차근(着根着根) 들어갈 수 있을까? 신뢰는 죽음을 불사하는 철새의 날갯짓으로 그대에게 가닿을 수 있을까? 신도 아니고 짐승도 아닌, '사람'을 신뢰할 수 있을까?

변절의 논리

　박완서 씨는, 자신과 같은 '소시민'으로서는 독립운동가라거나 민주화 투사라고 하면 일단 존경하고 본다, 는 식으로 말한 적이 있다. 나 역시 대략 그같이 소박한 생각을 지니고 있었다. 이름을 조금 얻어 교류의 폭이 넓어지면서, 학생운동권 출신이나 민주화 투쟁으로 고초를 겪은 지식인들을 제법 만나게 되었는데, 늘 나는 그 이력에 경의를 품고 한 수 접어 대하곤 했다. 심지어 좌익의 환상에 지펴있는 이들에 대해서조차, 내 입장이나 정서와의 위화(違和)를 잠시 제쳐두면서까지 예의 그 경의를 쉽게 접으려 하지 않았다. 그것이 최소한, 다른 삶에 대한 예의라고 여겼다.

　'대의(大義)'의 운동에 대한 내 소박한 존모(尊慕)의 감정이 조금씩 흔들리게 된 것은, 우연히 몇몇 정치인들의 행태가 눈에 띄었기 때문이었다. 애초 워낙 이상하게 느껴진 것은, 민주화 투쟁의 경력자들이 대거 정치판에 투신하였다는 사실 자체에 있었다. 일껏 싸워서 바로 세우려는 대상을 다시 스스로 사유화하려는 것은, 이미 그 자체로 대의의 정신에 어긋난다고 볼 수 있을 것이었다. 하지만 사람의 일은 늘 하나의 시각에 그 전모가 온전히 현전(現前)하기 어렵고, 백사장에 서서 물속의 형편에 왈가왈부하는 짓이란 적절치 않으므로 역시 섣부른 비평을 삼가는 게 도리였다. 젊은 내가 못난 시(詩)를 쓰거나 실존과 영성을 탐색하면서 자신의 정신을 사사화(私事化)하고 있을 때에, 적어도 이들은 역사와 공익을 위해 지난한 투쟁의 길을 걷고 있지 않았던가? 나는 이들을 접할 때마다 내가 빚진 존재라는 사실을 잊지 않으려 애썼고, 나 역시 이들의 오류에 각박한 시선을 보낼 자격이 없다는 점을 잊지 않으려고 했다.

내 시야에 차츰 이들의 수가 불어났다. 또 그중의 일부는 내가 용납하기 어려운 정치적 세력에 곁붙거나 편입되어갔다. 게다가 몇은 나와 이런저런 형식의 교분이 생겼던 터라 내 곤혹스러운 호기심도 따라서 커졌다. 그리고 일부에서 '변절(變節)'이라고도 부르는 이 현상이 다만 개인의 별미쩍은 일탈이 아니라, 나름의 이치를 띤 패턴이라는 점에 눈이 갔다. 나는 천성이 쉬운 비난에 흥미를 느끼지 못하고 어려운 '설명'에서 매력을 얻는 쪽이므로, 오랫동안 이 현상을 묶어 해명하고 싶었다. '세상이 바뀌고, 나이가 들고, 나름의 여건을 좇아 눈높이가 달라지고, 제 육체만큼이나 집요한 욕망과 이기심은 쉼 없이 되돌아오고, 여기에 권력의 단맛을 보았던 것이다' … 운운은 사실 '설명'이라 할만한 게 못 된다. 자연사적 환원은 언제나 설명에 이르지 못하기 때문이다. 또한, '사람마다 나름의 형편과 이유가 있을 것'과 같은 말은 안이한 반(反)설명에 불과하다.

우선 월러스틴(Immanuel Maurice Wallerstein)의 생각을 원용해서 하나의 설명을 제출할 수 있겠다. 실은 젊은 날에 그의 책을 여러 권 읽고서도 소득이 적었던 기억이 여전하다. 하지만 '반체제 운동의 동원국면'이라는 말은 이런저런 정치사회적 계기나 현상을 해명하는 데 길잡이가 되곤 해서 종종 되새겨보기도 한다. 역사적으로 증험된 대의에 순명하며 한길로 투쟁하던 세월을 뒤로한 채 어느새 냄새나는 행태를 드러내거나 심지어 역사적으로 퇴폐(頹廢)한 세력과 결탁하는 행위들도, 말하자면 '동원국면'이 지난 뒤에 생기는 정치적 세태의 한 (전형적인!) 단면으로서 줌인(zoom-in)해볼 수 있다. 반체제 운동이라는 동원의 국면 속에서는 그 역동성과 화급성이 절실할 것은 당연하다. 이와 함께, 이러한 국면을 규제하는 또 다른 힘은 군중적 모방이다. 모방은 반드시 부정적 현상이 아니다. 어울려 살아가는 삶에서 그 삶을 견인하고 구성하는 기초적 동력은 모방이며, 또 이는 갖은 학습의 첨병 노릇까지 한다. 마찬가지로 친체제적 동원이든 혹은 반체제적 동원이든, 그 동원력에는 모방의 힘이 부지불식간에 작동한다. 여기에 더해서, 동원국면의 화급성(火急性)은 이데올로기적 충실성을 강화하기 마련이다. '천둥 번개 칠 때는 한마음 한뜻'이라는 우리 속담은, 사태의 화급성을 집단적 응집을 통해

대응하려는 심리를 압축하고 있다. 잘 알려진 사실이지만, 이와 대조적으로, 근대성의 지평 속에서 널리 발견되는 '역사적 개인주의(historical individualism)'는 정치사회적 안정이 이루어져서 화급한 동원의 필요성이 줄어들었을 때에야 가능해진다. 대의의 투사들이 (반체제적) 동원국면을 무사히 넘겼을 때, 혹은 더 나아가 당대 권력체제의 내부에 진입하게 되었을 때, 응당 다른 행태, 더러 실망스러운 추태를 드러내게 되는 것은 쉽게 짐작할 수 있다. 또한 이 행태가 인간의 (개인주의적) 욕망으로 범벅이 되어 있을 것은 너무도 뻔하다.

학계에서 떠돈 풍문 중에, 공부하던 강사가 교수직에 임용이 된 후에는 그 제도적 안정성에 기대어 외려 공부와 담을 쌓는다, 는 말이 있었다. 교수는 이미 '동원국면'을 지나버린 존재인 것이다. 가령 순교자의 일화들 속에 극명하게 보이듯 (집단적) 위기 속에서 발휘되는 이념적-'동원적' 충실성은 놀랍다. 예를 들어, 저작의 분량에서 타의 추종을 불허하는 다산(茶山)의 충실한 학업은 18년 세월의 적소(謫所)에서 이루어진 것이다. ("나는 이제사 비로소 깨달았다. 곤궁 가운데 비로소 책을 쓰는 자격이 주어졌음을(如知窮而後如可著書也)." 『편지』) 이를테면 그는 일종의 '동원된' 마음의 상태로 그 긴 세월을 생산적으로 견딘 셈이다. 무릇 사람이란, 제 장점 속에서 죽을 짓을 범하고 제 약점 속에서도 현성(賢聖)의 길을 찾아갈 수 있다.

변절(變節)을 비난하기 전에 우선, 바로 그 변절의 배경에는 충실과 열정이, 고통과 핍박의 세월이 있었다는 사실을 기억해주어야 한다. 이상한 말이지만, '변절'을 하기 위해서도 한때나마 그들은 남다른 결심과 실천의 나날을 보내야만 했다. 변절과 같은 전회(轉回)의 사건에는 어쩌면 그만큼 강력한 동기가 필요할 것이다. 매도와 고문, 그리고 죽음까지도 불사하던 생활에 등을 돌리고, 오욕과 훼절의 권력에 젖줄을 대고자 아등바등거리는 데 필요한 동기라면 당연히 예사의 것이 아닐 만하다. 물론 이는 정치적 신념의 문제에만 국한되지 않는다. 가령 잘 아는 대로 사울이 바울이 되기 위해서는 그리스도가 된 예수가 직접 현현(顯現)해야만 했다. 세자 소현(昭顯, 1612~1645)이 원수의 땅인 청의 심양(瀋陽)에서 볼모살이를 마친 직후 외려 아버지 인조가 주도하던 친명반청(親明反淸) 세력에 의해 결국 비참하게 살해되었던 배경에는, 당시 소중화(小中華)의 우물에서 벗어나도록 재촉했던 청의 선진문명이라는 반시대적 '사건'이 있었다. 혹은 비근한 사례로, 자신의 병고나 가까운 이의 죽음 등과 같은 실존적인 사건이 한 사람의 가치관이나 생활양식을 통새미로 바꾸어 놓을 수도 있다. 동시대인들이라고 해서 그 인생관이나 윤리관이 일매지게 균질화될 수 없으며, 우리의 삶에는 언제나 난반사하는 우연과 사건이 있다. 변절이라는 행위도 우선 설명되어야 할 것이다. 그다음에 각자의 자리와 깜냥에서, 그리고 자기 개입에 대한 겸허한 숙고 속에서, '조용히' 평가될 수 있을 뿐이다.

전회의 일종이랄 수 있는 변절의 경우, 내부적으로 그 동기/계기에 접근할 때에 거의 예외 없이 집히는 단서가 원념(怨念)이다. 정서는 종종 일시적으로 도발하다가 그치긴 해도 언제나 강력하다. 그래서 그 순간만큼은 늘 전포괄적이다. 어느 뇌과학자의 표현처럼 일순 정서가 옮겨붙은 신체는 마치 '계엄령' 상태와 같이 하나의 관심을 향해 전일하게 동원된다. 화난 사람이 위험한 것은, 그에게는 이미 일의 맥락과 배경, 그리고 후과(後果)를 살필 주의력이 없기 때문이다. 그래서 '잘 싸우는 사람은 화내지 않는다(善戰者不怒)'고 했다. 변절과 같이 자신의 심혼의 이력과 순정을 짓뭉개고 번연한 훼절의 길을 걷기 위해서는 그만큼 강력한 정서적 동기가 필요할 법하다. 나로서는 이 동기의 후보로서 원념만 한 게 없다고 판단한다. 인생의 (정신적-이데올로기적) 향배에서 지나친 변침(變針)이 있을 경우에는 늘 원념 혹은 억울함의 존재를 의심해야 한다. 야사에, 고경명(高敬命, 1533~1592)이 자신을 사모한 여인을 일절 돌아보지 않아 그녀가 자재(自裁)한 후 큰 구렁이(大蟒)가 되었고, 필시 이 소외와 억울함이 제봉(齊峰)의 죽음과 관련이 있다는 이야기가 전한다. 원념은 강력한 정서이며, 그 후과는 오래가는 법이다.

공자가 불천노(不遷怒)를 강조한 것은 '천노'가 세속의 정서가 흐르는 일반적인 길이기 때문이다. 원념은 대상을 찾으려고 하며, 마땅치 않을 경우에는 심지어 만들어내기도 한다. 원념의 발생과 그 사후적 대응을 사회적 자본이나 정치적 권력이 있는 사람의 경우에 대입시키면, 소외나 따돌림, 혹은 탈락의 경험이 두드러진다. 변절자는 (스스로) 억울한 자이며, 억울한 자는 애초 소외당하거나 따돌림당한 자인 것이다. 반체제 운동의 동원국면에서는 고통스럽지만 억울하지는 않으며, 체제 권력에 대한 불안과 공포가 있을지언정 운동권 내부의 갈등이나 소외는 적다. 이빨 하나, 손톱 하나가 아쉬운 때이기 때문이다. 하지만 이른바 '천둥 번개 칠 때'가 지나가고, 위기를 넘긴 개인들의 시선과 지평이 사적 이기심으로 넓어지면, 이제 반체제 운동의 집단적 동원력은 개인들의 내부적 권력투쟁으로 바뀐다. 이 경우 또 하나의 중요한 변수는 '판돈(stake)'이다. 뻔한 말이지만 걸린 판돈이 적으면 내부 권력투쟁이 벌어지지 않는다. 스탈린의 숙청, 태종의 '왕자의 난', 그리고 이맹희-이건희의 상속 투쟁은 모두 판돈의 사이즈에 달려 있(었)다. 특히나 정치판은 무주상보시(無住相布施)의 길이 아니므로, 새 판에는 새 판돈이 걸리고, 어떤 형태든 여기에서 소외되고 탈락되는 이들에게 억울함과 서운함이 엄습하게 마련이다. 이른바, '보상의 위기'가 찾아온다. '많이 건(betting big)' 사람은 응당 많은 보상을 얻고자 하는 게 상정이다. 아니, 적게 건 자조차도 기회가 생기면 분에 넘치는 판돈을 챙기려고 한다.

판이 끝난 후에 판돈을 제대로 챙겨주면 (대개) 변절 같은 것은 없다. 대의(大義)의 두께에 실망할 필요도 없다. 다만 대의의 취지와 가치를 제

대로 발휘할 수 있는 시대가 있었고, 여건이 있을 것이며, 또 그런 성향의 사람이 있을 것이다. 기억이 정서와 얽혀 있고, 인식이 욕망에서 자유로울 수 없는 것과 비슷한 이치다. 대의인즉 사람의 대의이며, 또한 사람살이 속의 일인 것이다. 그러므로 집단/공동체의 어울림에서 가장 중요하고 잦은 위기가 곧 '보상'이다. 넓은 의미의 판돈—그것이 실질적인 제도권력이나 자본력이든 혹은 사회적 평판, 유명세나 인기와 같이 허망한 것이든 상관없다—에서 소외된 자는 서운함을, 원념을 품게 마련이다. 이것은 자신의 주변 인물들이 부당하게 더 많은 판돈을 챙기고 있다고 판단할 때에 생기는 시기심에 의해서 더욱 강화된다. 프로이트의 유명한 말처럼, 시기하는 자는 그 대상을 '전혀 알고 싶어하지 않'으며, 바로 그 무지에 의해 그 시기심은 더욱 외곬의 길을 걷게 된다. 변절의 명분은 화려하기도, 해괴하기도 하지만, 실은 초라한 짓이다. 대의가 사람의 일인 것처럼, 변절도 인간적인, 너무나 인간적인 일이다.

교환될 수 없는 가치

어떤 문화든 교환될 수 없는 사용 가치가 그 중심을 차지해야 한다.
이반 일리치

주고받기의 방식에 의해 관계가 다르게 구성된다는 사실은 이미 상식이다. 자본의 관계가 인간을 지배하고, 돈의 체제가 현대적 표상 체계의 근본을 이룬다는 지적(G. 짐멜) 등은 우리의 주고받기가 터한 자리를 잘 보이는 지적이다. 모스(M. Mauss) 등이 역설한 것처럼, '인간이 계산기라는 복잡한 기계가 된 것은 그리 오래된 일이 아니'며, '우리는 우리 자신에서 벗어나 자발적으로 또 의무적으로 주는' 문화를 다시 계발할 필요가 있겠다.

이런 논의에서 '교환될 수 없는 사용 가치'는 반현실적 이념이 내려앉을 수 있는 가능성의 자리를 보인다. 이러한 자리는 선(善)이나 계시처럼,

잠시 번득이듯이 눈에 들어올 뿐이며 아무런 '텃세'를 부리지 못한다. 그래서 이 자리는 신화적인 뉘앙스를 갖는다. 만일 누군가가 이 자리에 서서 '생활'하려고 고집하면, 그는 위로부터의 동티를 맞거나 아래로부터의 희생양이 될 것이다. 그러나 운명은 이윽고 제 길을 내는 법이니, 늘 제 뒤를 살피고 반걸음으로 앞일을 가늠한다면, 그(녀)의 길조차 먼 훗날에는 붉은 글씨(丹書) 속에 기억될 것이다.

'가까워지기'의 비밀

> 증세를 통한 동일시는 두 자아의 일치점을 보이는 지표가 되지만 이 일치점은 계속
> 억압되어야 한다.
>
> 알랭 바디우

이른바 주체화는 대상선택(Objektwahl)의 실천이며 그 긴 과정이다.
타자가 없이는 주체가 없듯이, 선택은 곧 주체화의 과정이며 그 실천이
된다. 무릇 인류의 진화사가 외부 자극과의 창의적 응하기에 달려 있었듯
이, 한 개인의 성장사도 소싯적의 준거인(Bezugsperson)으로부터 청소년
기의 영웅상이나 자아이상(Ichideal), 그리고 친구나 멘토(mentor) 혹은
스승(들)을 '선택'하고 상호작용하며, 이로써 '자신의 키보다 높아져서 멀
리 볼 수 있게 되는(登高而博覽)' 일련의 과정으로 구성될 수 있을 것이
다. 그러므로 애초 누구와 함께 있(었)는가, 하는 문제는 한 개인의 사회
적 운명을 결정하는 중요한 여건이 된다. 광동인들 사이에 있었으면 광동

말(广东话)을 하게 되고, 노름꾼들 사이에 살았으면 노름꾼이 되겠으며, 부처의 행로에 있었다면 그의 제자가 될 수 있다.

그러나 동일시(Identifizierung)와 대상선택은 쌈박하게 나뉘지 않는다. (사람의 일은 늘 그렇고, 인문학적 탐색도 그저 이치가 경도하거나 접속하는 패턴을 따를 수밖에 없다.) 대상선택의 기쁨이 얼마 되지 않아 애착의 굴혈을 불러오고, 우연한 동일시가 인생 최고의 호기로 전환되는 경우도 적지 않기 때문이다. 게다가 우리가 살고 있는 시속(時俗)은 타자의 그림자를 좇기보다는 자신의 개성을 브랜드화하고, 변덕을 삶의 동력으로 삼고, 선택을 우상시하는 때다. 현란한 상품들을 향한 '선택'이 곧 시장 논리와의 동일시로 귀착하는 일은 이미 우리 시대의 상식이 아닌가.

가까워지기의 과정도 대체로 선택과 동일시의 두 가지의 경로를 취한다. 그러나 이 두 경로는 각각 내적으로 회절(回折)됨으로써 하나의 고정된 결론에 이르지 못한다. (내 선택은 어느새 내 것이 아니었으며, 동일시의 늪 속에서도 보석이 있었다!) '어긋남'이라는 삶의 기본적 곡절이 여기에서도 생생히 제 모습을 드러낸다. '자유'나 '평등', 혹은 '사랑'이라는 전설처럼, 선택이라는 행위는 그 이름값을 하지 못하는 것이다. 대부분의 경우에 당신의 선택은 당신의 한계, 혹은 그 조건의 이름이기 때문이다. 그러므로 가까워지기란 실은 서로 간의 한계와 조건이 타협에 성공함으로써 얻게 된 안정화의 이름인 경우가 적지 않다.

　그렇다면, 우리는 '가까워지기'라는 현실적 불가능성에 대해서 말하고 있는 셈이 된다. 우리는 언제나 가까워지기의 선택적 이상(理想)에 그저 비현실적으로 박진(迫進)하고 있을 뿐이기 때문이다. 사람은 쉼 없이 움직여 그 정서와 행태의 동선을 일치시키기 어렵고, 게다가 가까워진 덕에 얻은 리비도적 결속은 곧바로 그 가까워진 탓으로 썩어들어가기 때문이다. 그러므로 가까워지기의 비밀은, 말 그대로 '비밀'로 머물러야 한다. 항용 그 비밀은 증상적 일치에 의해 근근이 성립하기 때문이며, 또한 그 증상은 현명하게 모른체하는 중에서만 가까워짐의 열매를 달고 있을 수 있기 때문이다. 그것이, 어떤 기적적인 만남이 아니라면.

3장

혹은,
자기관찰의
불가능성에 대해서

도덕적 발화, 혹은 자기관찰의 불가능성에 대해서

Auf die reine Gier zum Dasein gründet sich die Moralität.
도덕은 현존재를 향한 순수한 욕망에 터하고 있다.
니체

자기 자신을 관찰하는 게 절망적으로 불가능하다는 사실을 증언하는 것은 … 인간이
도덕적 행위의 본질에 대해 말하는 방식에 있다.
니체

Es gibt gar keine moralischen Phänomene, sondern nur eine moralische Ausdeutung
von Phänomenen.
도덕적 현상이 있는 게 아니다. 다만 현상에 대한 도덕적 해석이 있을 뿐이다.
니체

존재(Sein)와 당위(Sollen) 사이의 간극은 잘 알려져 있다. 문제는 주체
(Subjet)다. 주체의 자리가 바로 이 간극을 중심으로 바장이는 곳이기 때

문이다. 주체는 존재를 망각(Seinsvergeßenheit)하는 한편, 당위에 이르지도 못한 채로 아웅다웅, 지망지망, 운신하게 마련이다. 우리는 이런 상태를 통상 '에고(ego)'라고 부른다. 어울려 살 수밖에 없는 에고들은 도덕의 체계를 통해, 그리고 제 꼴에 맞는 7가지 버릇('無くて七癖')에 의지해서 그 질서를 유지하려고 애쓴다. 반복하지만 에고들과 그 도덕의 체계들은 존재와 당위 사이에서 '비스듬히', 제멋대로 진동하면서 놓여있다. 그 어떤 에고들도 존재, 혹은 신(神)과 합일할 수 없고, 그 어떤 도덕도 완벽한 당위의 체계를 고집할 수 없다. 누구나를 무론하고 때론 어정쩡한 타협 속에서 살아가는 것이다. 이렇게 보자면 니체가 칸트철학의 도덕적 엄정(嚴淨)을 비웃은 일은 차라리 자연스럽다. 도덕의 텃밭은 순수이성이 아니라 순수욕망(die reine Gier)이기 때문이다.

'도덕적 행위의 본질에 관해 말하는 방식'을 문제시하는 것은, 바로 그곳에서 인간의 에고가 특징적으로 도드라지기 때문이다. 즉 '현상에 대한 단지 하나의 도덕적 해석(nur eine moralische Ausdeutung von Phänomenen)'일 뿐인 것들이 마치 모방적 경쟁을 일삼듯이 진리를 참칭하며 번성하는 곳, 다름 아닌 그곳이 에고의 자리이기 때문이다. 이것이 '에고는 증상으로 구성되어 있다'는 말의 정확한 뜻이다. 쉽게 고쳐 말하자면, 자기-변명이 많은 곳은 곧 자기-관찰이 불가능한 곳이므로, 니체는 특별히 그곳을 도덕적 담론의 발화로부터 읽어내고 있는 것이다.

인간이라는 정신적 존재는 생존을 넘어 현실 존재의 '정당화'를 구하지 않을 수 없도록 진화했다. 의미를 구하고, 상징의 옷을 입으며, 우연한 소유물에도 정당성의 각인을 더하고자 한다. 인간은 이미 영욕(榮辱)의 덩어리이지만, 자기 정당화의 언행 속에 이미/늘 개입하고 있는 모순만 한 것도 찾아보기 어려울 것이다. 물론 도덕은 종교와 함께 이러한 요구에 응하는 가장 오래된 장치로서 기능해왔다. 도덕은 에고의 이쪽을 바장이는 자기 정당화의 기제로 작동하고, 종교는 에고의 저쪽을 엿보는 자기 정당화의 기제인 것이다. 자기 정당성을 구하는 에고의 실행은 이미 원천적으로 자기관찰을 포섭해서 왜곡시킨다. 증상적 방어기제로써 겹겹이 호위된 에고의 원환(圓環)에 그 아상(我相)은 회절, 혹은 훼절(毁折)될 수밖에 없다. 도덕적 담론이 결국 일종의 집단적―사회적 방어기제라는 사실을 기억한다면, 자기관찰, 혹은 우리―관찰에 근거한 도덕적 담론들의 운명이 어떠하리라는 것은 자명해 보인다. 다시, 니체의 지적처럼 도덕이 자기관찰에 터한 보호기제의 일종일 수밖에 없다면 그 필경은 순수욕망이며, 이로써 (귀류법적으로) 자기관찰의 불가능성이 되돌아오게 된다.

자기관찰의 불가능성 속에서 일희일비하고, 그 관찰의 맹점에 넘어져 증상적으로 살아가는 게, 이른바 '정상 생활'이다. 정상은 곧 증상인 셈이다. 이 정상성을 안팎으로 보위하고 정당화하는 게 물론 종교와 도덕

같은 가치지향적 소프트웨어들이다. 그리고 종교나 도덕의 제도화를 진화심리학적으로 꼬집은 니체의 분석은 가히 선구적이며, 그의 분석은 에고의 자리를 예리하게, 적나라하게 드러낸다. 에고라는 자기관찰의 절망을 도덕적 담화의 성격을 분석하는 매개로 소환하는 형식 그 자체가 이미 하나의 탁절한 직관!

그는 봉사의 필요성을 압박이라고 생각하지 않는다

영원한 대중은 기질상 의존하기를 포기하고 스스로 자기 삶의 주인이라고 생각한다. 그에 반해 선택된 인간 혹은 우수한 인간은 그보다 훨씬 높이 있는, 그보다 우월한 어떤 규범에 직접 호소하려 하고 그것에 기꺼이 봉사하려고 한다 … 우수한 인간은 자신에게 많은 것을 요구하는 데 반해, 평범한 인간은 뭔가를 요구하는 것이 아니라 있는 것을 기뻐하고 자신에게 만족한다. 일반적인 생각과는 반대로 봉사의 삶을 사는 사람은 대중이 아니라 우수한 인간이다. 우수한 인간은 어떤 탁월한 것을 위해 자신의 삶을 바치지 않을 경우 그 삶은 무의미하다고 본다. 그는 봉사의 필요성을 압박이라고 생각하지 않는다.

오르테가 이 가세트, 「대중의 반역」

대중의 반역은 어쩔 수 없는 시대의 순리였다. 순리(順理)가 순리(純理)일 리야 없지만, 말이다. 그래도 그 순리를 통해 역리(逆理)를 읽지 않을 도리는 없다. 그 과정에서 자신들의 권력과 긍지가 엎혀 있던 판이 뒤집히는 경험이 생기면 앞을 향한 불안과 뒤를 향한 향수를 느끼는 것은 한편 자연스럽다. 마찬가지로 새판짜기의 요개(搖改)와 그 가능성 속에서 들뜨고 부화(附和)하는 것 역시 이해할 수 있을 것이다. 누구에겐들 처음부터 중용(中庸)이 절실하게 다가들 리 없다. 집중이나 정적(靜寂)은 언제나 놀라운 성취의 표현인 것이다. 순리의 자만과 역리의 불안이 겨끔내기로 정신을 옭아매는 체험이 거듭되면서야 비로소 중용의 어려움과 그 가치가 도드라질 것이기 때문이다.

그 사회문화적 맥락에서 벗어난 채로 이루어지는 귀족이니 평민이니 하는 추상적 구분, 혹은 우수한 인간이니 평범한 인간이니 하는 변별은 알맹이가 적고 툭하면 오해에 빠져, 위험한 사고실험이 아닐 수 없다. 그러나 "봉사의 필요성을 압박이라고 생각하지 않는" 지경을 상상해보는 일은 자못 즐겁다. 언제나 이 지경 속에서야 남들이 잘 이해해주지 못하는, 그래서 잘 등재(登載)되지 않는 기쁨이 샘솟기 때문이다. 나 자신 스스로 언제부터인가 내 생활의 지평 속에서 쾌락과 의무의 구분선이 사라진 일을 흥미롭게 여겨오고 있었기 때문이다.

지상의 사랑은 죄다 성욕의 대체재^{代替財}라는 사실을, 왜 말하지 않았을까

나는 왜 오래전에 알아채고도 그간 말하지 못했을까? 성욕(性慾)이 깃든 것은 그 무엇이라도 이미 사랑이 아니라는 사실을, 말이다. 지상의 사랑이란 죄다 성욕의 대체재(代替財)라는 사실을. 짐승이든 사람이든, 오직 성욕이 깃든 그림자 속을 지나다니고 있다는 것을.

어찌 제 낯짝을 드러내는 것은 부끄럽지도 않은가?

Mit zwanzig Jahren hat jeder das Gesicht, das Gott ihm gegeben hat, mit vierzig das Gesicht, das ihm das Leben gegeben hat, und mit sechzig das Gesicht, das er verdient. 나이 스물에는 누구나 신이 주신 얼굴을 지니고 있다. 마흔이 되면 누구나 자기 자신의 삶이 준 얼굴을 하고 있다. 예순의 나이가 되면 스스로가 성취해낸 가치만큼의 얼굴을 지니게 된다.
Albert Schweitzer

얼굴은 숨기지 않는다. 아니, 못한다. 그래서 얼굴은 '번연히' 자신의 역사를 드러낸다. 후안무치(厚顔無恥)라고 해도 별스러운 발견이 아니다. 그것은 세상을 빼곡히 채우고 있는 인간들의 자연사에 불과한 것이다. 성기를 드러내는 게 부끄러운 줄 알고 있으면서 어찌 제 낯짝을 드러내는 것은 부끄럽지도 않은가?—오히려 이 물음이 더 긴요해 보인다. 서양인이라면 얼굴 속에서 '불안정한 위태로움의 윤리학(the ethics of precariousness)'을 제출할 뿐이지만, 동아시아인들은 기미와 전조(前触

れ)를 느껴야 한다. 하지만 느낌보다 더 중요한 것은 그것을 지켜내는 일
(智者知幾而固守)이다.

엄마는?

Motherhood has a very humanizing effect. Everything gets reduced to essentials.
모성은 강한 인간화의 효과를 지닌다. 거기에서는 모든 게 본질적으로 환원된다.
Meryl Streep

여자가 있고, 남자가 있다. 그리고 또 하나의 종류인 엄마가 있다. '엄마도 여자였다'는 환원주의는 충분치 않아 보인다. 성욕은 모성(motherhood)까지 잠식한다고 프로이트는 알리고 있지만, 그래도 인간의 모성은 기이한, 시대착오적인 진화적 별종이다. 성욕이 개입된 것은 죄다 사랑이 아니지만, 엄마는 과연 사랑할 수 있을까?

'아비'란 무엇일까?

친딸들을 수백 회 가량 성폭행한 혐의로 재판에 넘겨진 40대 남성에게 검찰이 종신
형을 구형했다. 12일 제주지법 형사2부(부장판사 장찬수) 심리로 열린 결심 공판에
서 검찰은 성폭력범죄의처벌등에관한특례법 위반(강간등치상) 등의 혐의로 구속 기
소한 A(48)씨에게 무기징역을 구형했다. 검찰은 또 A씨에게 10년간 위치추적 전자
장치(전자발찌) 부착과 취업제한 10년을 재판부에 요청했다.

제주=뉴시스, 우장호 기자

父女 간의 근친상간은 母子 간의 근친상간과는 비교할 수 없을 만큼 현실적으로 빈
번히 발생하고 있는 것같이 보인다.

말리노프스키, 「미개사회의 성과 억압」

내가 오래전부터 주장한 바대로, 담박 모친이 된 것에 비하자면 부친
(父親)은 근근이 '발명'된 것이다. 물론 이 경우 상상할 수 없이 작은 엔
진을 장착한 채로 나선형 꼬리 운동을 하며 난자를 향해 경쟁적으로 직
진하는 정자(精子)의 존재는 아예 잊는 게 좋다. '아비'라는 것은 제도와

정서의 안정화를 뜻하는 것이기 때문이다. 게다가 아비는 현 단계에서도 여전히 어렵사리 만들어지고 있는 현상이다.

이 문제와 이어지는 또 하나의 내 주장, 혹은 가설은, 자신의 친딸을 성적으로 탐닉하는 아비의 '리비도 경제'에 관한 것이다. 잘라 말해서, 자신의 딸을 아끼고 이뻐하는 아비의 생리와 그 경제 속에는 무엇이 복류하고 있는 것일까, 하는 것이다. 물론 이 생각의 저변에는, '아름다움과 이쁨의 정서의 배후에는 충족되지 못한 채 연기된 성적 리비도의 존재가 있다'는 프로이트의 가설이 자리한다. 그러니까 아비가 제 딸을 친애(親愛)하는 배경은 무엇보다도 리비도경제적일 수밖에 없는데, 세상의 그 모든 관계들과 다른 부녀(父女)의 사회인륜적 특이성이란 곧 (아비의 입장에서 보자면) 그 육체를 알(知)면서도, 범(犯)하지는 말아야 하는 터부 속에 집약되어 있기 때문이다. 결국 좋은 아비란, '알면서도 범하지 않은' 존재에게 부여된 상징성인 셈인데, 사실은, 지근거리에 노출되어 있고 또 알고 있는 그 육체를 가만히 아끼고 보존해주는 일이란 워낙 쉽지 않았던 것이다. 그러므로 정신분석학의 핵심 주장처럼, 아비가 가족 속에 상징적으로 안착하게 된 것이 문화적 진보의 분수령이라 해도 과언이 아니다.

너희들은 왜 싸우는가

상징적 진리는 아버지의 이름이 아기와 어머니의 상상적인 일체감에 간섭함으로써 시작된다.
라캉

　연인들의 패착은 이 상징성을 꾀바르게 원용하지 못하는 데 있다. 그렇기에 자주 싸우면서도 이를 봉합하는 길을 알지 못한다. 구애의 시기는 카니발이나 신비체험처럼 특별해서, 과거의 상징성을 호위했던 가부장제가 무너지면 강자는 옹색해지고 약자는 사나워진다. 남자의 환상은 깨어지고 여자의 환멸은 깊어간다. 리비도적 애착 관계에서 평등이란 없다. 복종하고 지배하는 일이 있을 뿐이지만, 열쇠는 '현명한 복종과 지배'라는 겨끔내기의 새 길을 얻는 데 있는 것이다.

부엌의 수다

'수다의 정치학'과 같은 얘기는 전혀 아니지만, 나는 여인들의 수다가 품은 어떤 말의 가능성을 아낀다. 인간의 말은 언제나 정치나 경제 따위가 미칠 수 없는 지경의 흔적과 조짐을 품고 있기 때문이다. 특히 부엌에서 엿듣는 그들의 수다는 (운이 좋을 경우) 인간의 대화가 품은 한 가능성의 극점을 시사한다. 모른 척 엿듣긴 해도, 이 여인들의 작은 세계가 그들만의 언어로써 설치한 그 이상한 방호벽은 은근히 '남자'를 소외시켜, 나는 일순 외부자로 내몰린다. 그래도 나는 이들의 주변에 서성거리거나 바장이면서 죄없이, 어떤 기이한 평온함의 정서를 매만지면서 엿듣곤 한다. 남자들이 없는 자리에서 이 여인들은 수만 년간 숨겨둔 비장의 화법으로 스스로 공수를 내리는 무당이 된다.

그 값싼 희망을 포기한 대가로

Einen Menschen kennt einzig nur der, welcher ohne Hoffnung ihn liebt.
어떤 사람을 아는 사람은 희망 없이 그를 사랑하는 사람뿐이다.
W. 벤야민, 『일방통행로(Einbahnstraße)』

마음 둘 곳이 필요한 사람은 사랑을 아껴야 한다. 사람들은 아무나를 사랑한 죄로 인연과 운명의 후일담에 애착하지만, 사랑은 오히려 단 하나의 현실, 언제나 이루어질 수 없는 현실이다. 이 무망(無望) 속에서야 전에 없던 앎이 생기고, 사랑은 다만 마음을 둘 곳으로, 유실된 이념의 자리로 하염없이 물러날 수 있는 것이다. 그 값싼 희망을 포기한 채로, 말이다.

Anyone who needs a secret shelter for his heart should be frugal upon his love. (S)he loves anybody and that's the very sin that makes him/her addicted to the behind-the-scene stories and the seemingly fateful connections. Love, however, is the only reality, which cannot be realized.

With this hopelessness comes an unprecedented awareness and one's love could retreat to a hideout for his/her heart and also to a place of the washed-away ideal. That is, at the expence of the underpayed hopefulness.

사랑은 한순간의 꿈이라고

자신을 스스로 사랑하는 주체의 자리에 놓은 자라면, 사랑을 한순간의 꿈이라고 냉소해선 안 된다. 그것은 비'윤리적'인 태도일 것이기 때문이다. 하지만 '진심'으로 사랑을 믿어서도 안 된다. 그것은 한갓 '도덕'의 덫에 자수(自首)하는 것일 테니 말이다. 다시 말하지만 진심(眞心)은 진실이 아니다. 진실은 제 마음을 중심으로 발견되는 게 아니라, 마음의 안팎이 어울리면서 '연극적으로' (재)구성되는 수밖에 없다.

가부장들의 사랑

님이 해오시매 나는 전혀 믿었더니
날 사랑호던 정을 뉘손대 옮기신고
처음에 믜시던 것이면 이대도록 설오랴

宋時烈(1607~1689)

청춘에 곱던 양자(樣子) 님으로야 다 늙었다
이제 님이 보면 날인 줄 알으실가
진실로 날인 줄 알아보면 고대 죽다 설우랴

강백년(1603~1681)

　율곡의 학통을 이어받아 노론의 영수로서 일세를 풍미한 우암(尤庵)의 한글 시조다. 참, 지랄(知剌)맞은 변태증(?)이다 싶지만, 실은 이 도착(倒錯)이 조선의 500년을 가능케 하였던 한 단서다. 상식에 먹힌 생각들은 '바르르'거리겠지만, 도착이 한세월을 지켜주는 일은 의외로 흔하다. 이런 따위의 시조들이 단면적으로 증명하는 것은, '여인을 사랑하는 일'이 역사적 발명품이며, 그 모든 발명은 '억압'과 관련되어 있다는 사실이다. 이제사 거의 주지의 사실이 되었지만, 여인들을 '사랑'할 수 없었던 가부장의 역사는 아주 길다. 이들 준엄한 선비들도 그 누구나처럼 여인들을 탐했지만 '사랑'하기는 어려웠다.

당연한 지적이지만 우암이 '사랑'을 읊조리던 대상은 여인이 아니다. 그의 님은 남자, 그것도 호색한(好色漢)(!)인 남자 임금인 것이다. 임금을 향해서 이처럼 간드러지고 애처로운 사랑의 감상(感傷)을 배설하는 자가 물소 같은 고집의 거한(巨漢)인 송시열 옹이라는 사실은 그저 지나가는 풍자로 그칠 일이 아니다. 요처는, 당대의 가부장 주체들이 '여인'을 사랑할 수 없도록 규제한 제도의 정치사회적 함의를 살펴야 한다는 데 있다. 전 세계적으로 유례가 드물게 장수한 조선왕조도, 그 어떤 체계든 그러한 것처럼 몇몇 특정한 세력을 규제하고 억압함으로써만 유지될 수 있었다. 승려, 무인, 서리(胥吏), 그리고 여인들을 재량껏 통제함으로써만 기능할 수 있었던 체계의 한 풍경을 이 시조는 기묘하게 왜곡된 재주로써 드러내고 있는 것이다.

예를 들어 시정(詩情)이나 춘정(春情) 따위는 모두 인간의 리비도가 사회적으로 '섬세'해진 여건을 반영한다. 고대 그리스인들이 서사시나 극작(劇作)에 몰두했다거나, 『시경(詩經)』의 내용이 다분히 서사적인 점에

유의하시라. 현대적 관점을 입은 지적이겠지만, 이 섬세한 리비도가 접속하고 눌러앉기 좋은 곳은 역시 '사랑'이라는, 인간적인 너무나 인간적인 희유의 발명품이다. 노르베르트 엘리아스(N. Elias)는 이 같은 '섬세함'을 문명화 과정 속에 적절히 배치한 것도 이 논의에서 중요한 참조가 된다. 그러나 알다시피 우리가 알고 있는 사랑이란 오랜 인간적인 굴곡과 진화를 통해 서서히 구성된 것이며, 따라서 장구한 세월 동안 섬세한 리비도의 주된 놀이터는 이른바 '로맨스'가 아니었다.

이 로맨스의 탄생에 관해서는 이미 잘 정리된 논의가 있다. 그 배경에는 11세기 이후 차츰 진행된 생활의 세속화 경향이 있고, 독일과 이태리 등지에서 활약한 음유시인과 연애가인(Minnessänger)의 존재는 조심스러운 모습 속에서나마 근대적 로맨스의 기원을 드러낸다. 여성의 육체에 대한 새로운 이해, 그리고 그 쾌락에 대한 다른 접근도 14세기를 거치면서 자리를 잡아갔고, 특히 미술의 영역에서 노골적으로 드러난다. 흥미로운 사실은, 젊은 남자들이 귀부인을 사모하거나 유혹하는 현상이 일종의 문화적 제도처럼 퍼졌는데, 기사도와 근대적 로맨스의 탄생을 연결시키는 소이가 여기에 있는 것이다. "귀부인을 위해 무엇을 해야 하는지, 그녀를 만나려면 무엇을 어떻게 해야 하는지, 그녀에게 무슨 말을 해야 하는지, 그녀에게 봉사하기 위해 어떤 무술을 익혀야 하는지, 몇 시간 동안 즐거운 상상에 잠겼던 것이다." (슈테판 키홀레, 『로욜라의 이냐시오』, 분

도출판사, 27쪽)

그러나 남녀 간의 로맨스가 그 상징적 정당화를 구비하지 못했을 경우, 리비도 에너지의 일부는 (매우 전형적으로) '우정'에 배치되었으며, 또 그 일부는 '동성애'가 담당하였다. (물론 우암의 임금에 대한 사랑이 동성애인 것은 당연히 아니다.) 예를 들어 고대 그리스 도시국가에서 성행한 소년 동성애의 경우도, 당대의 남성 가부장들이 문화제도적인 한계 속에서 운용했던 리비도의 한 지역적 갈래를 잘 보여준다. 또 시서화악(詩書畵樂)과 같은 다양한 예술적 활동 속에서 그 운동이 표현되기도 했던 사실은 잘 알려져 있고, 프로이트의 분석은 특히 이 영역에서 빼어난 솜씨를 보인다.

조선의 17세기도 그 어느 때와 곳에 못지않게 섬세한 리비도의 발현(libidinal manifestations)이 다양하고 풍성하게 이루어진 시대다. 전통적 우문정치(右文政治)의 시대, 바야흐로 문사들의 재능이 만개한 시대였으므로, 그 첨예한 에너지는 응당 학문과 예술과 우정과 놀이 속을 횡행했다. 다만 이 에너지의 배치에서 특이한 점은, 앞서 인용한 우암의 시조에서처럼, 이성 간의 성적 매력에 집결하게 마련인 리비도가 인위적, 제도적으로 회절(回折)한다는 것이다. 우암 같은 조선의 선비들은 제 아내와 첩과 기생들의 몸을 '탐닉'하면서도, 말로는 임금을 '사랑'한다고 고백하고 있는 것이다. 물론 성적 에너지가 애초의 목적을 성취하기 위해 직접적이고 적나라하게 그 대상을 지향하는 경우는 이른바 '인간 세상'에서는 범죄적 사례를 제외하고는 찾아보기가 쉽지 않다. 프로이트의 말처럼, 대체로 이러한 리비도는 그 '목적이 저지되고(ziel-gehemmt)', 따라서 회절하거나 변용된 형태로 적절한 대상을 찾아 결속하게 마련이다. 프로이트는 공동체적 동력의 대부분을 이처럼 애초의 목적이 저지된 채 적체된 에너지가 미봉적, 혹은 창의적으로 활성화된 것으로 여긴다.

우암들, 그리고 그 후예들의 문제는 여자와의 애욕(愛慾)만 남기고 사랑을 억압했다는 데 있다. 허영이 소외를 자초하는 경우가 적지 않은데, (가부장) 남자의 경우에는 '여자의 정신'을 무시하는 값을 치르면서 필경 사랑의 인간주의적 가능성으로부터 소외된다. 물론 이 가부장 남자들이 두려워하는 것은 '평등'이라는 사건인데, 누구나 성적 사랑이 일종의 근본적 평등자로 기능하는 것을 직감적으로 알기 때문이다. (장희빈이 왜 숙종의 얼굴에 생채기를 낼 수 있었겠는가?) 그러므로 사회적 위계의 보호를 받고 있는 가부장은 여자와의 성적 관계를 통해 '사랑이라는 평등한 관계'를 본능적으로 피하게 된다.

남녀 간의 성적 사랑이란 우선 일종의 근본적 평등자다. 잘 알려진 것처럼 사인(私人)들 사이의 애욕은 사회성, 혹은 정치성을 일시적이나마 삭제하게 마련이다. 정치사회성의 기본은 위계성이지만 남녀 사이의 사랑/육욕은 최소한 한순간 그 사회적 위계성을 건너뛰어 야성(?)의 평등을 드러낸다. 하지만 역사적으로는 남성 지배의 문화제도 속에서 이 사실조차 억압되었다. 이로써 남자는 여자의 정신으로부터 소외되었고, 여자는 남자의 권력에 의해 '육체를 지닌 피지배자'라는 프레임으로 강고하게 묶였다. 새 시대에는 여자의 정신을 활성화시키고 이와 함께 남자의 권력을 중화(中和)시키는 새로운 타협의 로맨스가 가능해질 수 있을까? 성애가 드러내는 이 근본적 평등자를 선용할 수 있는 새로운 연애는 현실이 될 수 있을까?

미인

Schönheit, kann man also sagen, ist eine Form, die keine Erklärung fodert, oder auch eine solche, die sich ohne Begriff erklärt.
美는 하나의 형식, 설명을 요구하지 않는 형식이라고 말할 수 있다. 혹은 개념이 없이도 해명되는 그러한 형식이라고.
Friedrich von Schiller

이성과 감정은 美에서 일치한다. 반대로 숭고는 그 불일치다.
프리드리히 실러

1. 과연 아름다움(美)은 기묘한 일치, 혹은 균형의 표현이다. 두말할 것도 없이 가장 탁월한 경우가 사람의 얼굴일 것이다. 얼굴은 정서의 역사를 꿰뚫고 어렵사리 올라온 지성의 묘판(苗板)을 증거한다. 정서와 지성의 경합과 조화는 늘 어려운 불안 속에서 가까스레 유지된다. 미인이 어려운 이유도 이와 같다.

2. 조리 있는 화법과 낭랑한 음성으로 유명한 한 후배가 고야(Francisco de Goya, 1746~1828)의 만년 작품들을 떠올리면서 추사(秋史, 1786~1856)의 괴(怪)와 결부시켜 설명하려고 하였다. 내가 추사체를 피카소(1881~1973)의 큐비즘(cubism)과 연루시켜온 지론을 막 다시 상기시켰을 때였다. 그녀는 내 생각을 받아 피카소의 인간적인 결점들을 역시 '조리 있게(!)' 나열한 다음 빠르게 고야에 대한 상상으로 옮아갔고, 그 설명 역시 갈피를 잘 잡아 설득력이 있었다. 곧이어 그녀는 스스로 제 논변의 그늘을 느꼈던지, 천재들의 성취를 도덕주의적으로 채색하려는 평자 일반의 태도를 잠시 문제 삼기도 하였다. 하지만, 어쨌든 아름다움이란, 혹은 미인이란 무엇일까? 일치(실러)일까, 혹은 승화(프로이트)의 일종일까, 혹은 희랍적인 대칭일까, 혹 그것도 아니라면, 혹시 이른바 이 괴(怪)를 통해서 접근하는 길이 좋을까?

3. 달인이나 혹은 광인들에게서 심심치 않게 볼 수 있는 '괴(怪)'는, 실러식으로 말하자면, 미(美)의 일치에서 어긋나 숭고(Das Erhabene)의 자리로 미끄러지는 현상일 것이다. 그러므로 그 불일치 자체를 숭고와 등치하는 것은 적절하지 않아 보인다. 단순한 불일치의 종류에서 가장 흔한 것이 곧 추(醜)이기 때문이다. 그리고 이 추가 숭고함의 행로에 들어서서야 비로소 괴(怪)가 제 모습을 드러내기 시작한다. 하지만, 전술했듯이 이 상태의 괴는 아직 숭고에 이르지는 않았다. 숭고는 그 연원이 비록 미

(美)로부터의 어긋남에 있었지만, 숭고는 이른바 '일치로서의 미'와 쌍벽을 이룰 만치 그 자율성의 성취가 도저한 것이다. 그러므로 괴(怪)는 어떤 의미에서도 그 자체로 완벽할 수 없는데, 그것은 이미 '미끄러짐'이며 또한 어떤 '어긋남'이기 때문이다.

4. 미(美)는 보수적이다. 이는 그 모든 고된 성취가 자기 완결적 보수성 속에서 스스로를 보호하기 때문이다. 물론 이 보수성의 시각이 가차 없이 드러내는 '불일치'의 한 극단이 숭고를 향해 치닫는다. 그러나 숭고도 그 자체로 하나의 기이한 성취일 수 있으므로, 대개의 불일치는 억울한 추(醜)에서 벗어나지 못한다. 예를 들면, 바로 이 보수성 탓에 미인은 그 후과를 톡톡히 치르게 되는 법이다.

開口卽錯^{kāikǒujícuò} – 입만 벌리면 지랄이다

당연히 "생각대로 되지 않는 게 세상(儘にならぬが浮世)"이다. 원시인들이나 유아들이 생각의 전능성(Allmacht des Denkens)에 빠진다고들 하지만, 어른이 된다는 것은, 자신의 생각이 타자를 영접하도록 운용되기는커녕 자아라는 증상적 체계를 보위(保衛)하도록 비(非)선택적으로 되돌아가는 자기애적 리비도를 제어할 수 있는 능력이 생겼다는 것을 뜻한다. 그래서, 다시, 어른이 된다는 것은 자신의 생각을 믿지 않게 된 사실을 말한다. 물론, 이 불신(不信)이 어떤 지혜를 낳을지는 아직 누구도 알 수 없다.

생각과 현실 사이의 조절력은 개인의 성숙은 물론이거니와 한 사회의 구체적인 전망에서 결정적인 가치를 갖는다. 몸(들)에서 파생한 생각(들)이 애초의 부화함을 누르고 서서히 제 자리를 잡아 고개를 숙이면서 개인과 사회는 익어가는 것이다. 진화론적으로 말하자면 생각은 그 모태인

몸에 비하자면 턱없이 젊었다. 그리고 '젊은 놈이 나대는 것(若造のくせ になまいきだ)'은 한편 어쩔 수 없다. 누구나 자신의 생각 속에서 썩어가 는 일은 피하기 어렵고, 마찬가지로 "경험의 본질은 개체의 특수성을 깨 뜨리는 데에, 개체가 타인에게도 노출되는 데에 있기 때문"(모리스 블랑 쇼/장-뤽 낭시, 『밝힐 수 없는 공동체/마주한 공동체』)이라는 점을 깨닫 하기는 결코 쉽지 않기 때문이다.

생각대로 되지 않는 세상을 언어적으로 각색한 격언 중에 필시 '개구즉 착(開口卽錯)' 만한 게 없을 듯하다. 불가에서 유행시킨 말로서 '말을 하 면 곧 어긋난다'—혹은 좀 더 과격하게 풀자면 '입만 벌리면 지랄(知剌)' 이라는 말—는 뜻이다. 불립문자(不立文字)의 경계나 '침묵을 지키는 사 이에 지혜가 드러난다(黙黙而昭昭顯前)'는 말처럼 다언삭궁(多言數窮) 의 저편을 희원하는 의지를 담은 문장이다. 이는 '마음을 내면 곧 이지러 진다'는 뜻의 동념즉괴(動念卽乖)'와 쌍을 이룬다. 말하기에서 낭패를 본 경험이라면 곧 그것 자체가 인간의 것이라고 해야 할 만큼 이는 인간됨 의 구성적 성분처럼 보인다. 언어성이라는 게 인간종만의 빛나는 성취라 는 사실 속에는 이미 미혹의 자취가 스며있다. '복이 지나치면 재앙이 생 긴다(過福招災)'는 꼴이다. 그래서 말에 재바른 이를 위험하다[佞人殆] (논어)고 한 것이다.

당연히 '몸이 먼저고 그다음이 생각'(니체)이다. 인간이 자랑하는 그 모든 생각과 이치와 문화와 기술은 모짝 몸에서 흘러나왔다. 하지만 사람은 이른바 '생각하는 존재(denkendes Dasein)'이며, 생각은 그 모태를 잊어버린 채 늘 조급하고 부박하다. 몸에 의한 일차적 상호작용의 차원을 훨씬 벗어나버린 인간은 자신의 생각에 집착하고 자신의 말(하기)을 자제할 수 없게 되었다. 가령 블랙모어(Susan Blackmore)의 설명을 빌리면, "말하기가 밈(memes)을 퍼뜨린다. 인간이 이처럼 말을 많이 하는 것은 유전자에 이득을 주려는 것이 아니라 밈을 전파하려는 것"이기 때문이다. 그러므로 하이데거처럼 말의 도래를 신학적–형이상학적으로 상상하지 않더라도 이미 말은 입 밖으로 나오게 되어 있으니, 속언에서 말하는 바 "고기는 씹어야 맛이요 말은 해야 맛"인 셈이다.

천박한 입들의 문화

이제사 '한물 간 검객(落魂的劍客)'이 되어 가만히, 무능하게 지내고 있을 뿐이다. 그래도 한때 실없는 이름에 얹혀 숱한 청중을 말로 농락한 죄가 있으니 스스로 이 문제를 거론할 염치는 적다. 다만 긴 세월 책을 읽고 게다가 몇 후학들이 나를 따르게 하였으므로, 이 시대의 정신이 부란(腐爛)해가는 풍조의 징험을, 그 말본새를 비평함으로써 간단히 적시하고, 내남 없는 경계로 삼고자 한다. 요컨대 그 '입'들에 관한 얘기다. 그 입의 문화 속에는 차마 이 나라 정신문화사의 헌데가 압축적으로 드러나는 듯하다. 영상매체의 도가니 속에서 대중강연의 포맷으로 이루어지는 이 말의 재앙(口舌之文禍)에는 이 반도(半島)의 절반이 겪은 촉급했던 역사가 옹글게 똬리를 틀고 있다.

누구나 매체를 사용한다. 인문학을 곧 '매체학'이라고 해야 할 만큼 사람살이는 항용 갖은 매체와 접속하고 이를 이용하는 복합적인 과정이다.

한편 매체의 종류와 그 사용방식은 그 사람(爲人)을 드러내므로 조심하지 않을 수 없다. TV에 이어서 어느새 유튜브가 매체의 꽃으로 각광을 받고 있고, 자신을 알리려는 이들에게는 생략할 수 없는 선택지가 되고 있다. 어릴 적에는 저녁 식사를 마친 후에 이장 집에 옹기종기 모여앉아 「재치문답」(라디오)을 들었고, 그 후 언젠가는 마을의 만화방에서 관람권을 구입한 후에 「마린보이」나 「요괴인간」(TV)을 보곤 했다. 이제는 개인이 어렵지 않게 라디오/TV를 직영할 수 있는 세상이다. 매체의 공공성은 차츰 떨어지고 개인의 욕망이 기계 매체를 십분 활용하고 있다. 그 사이, 상인들과 정치인들은 말할 것도 없지만, 지식인들조차 대중매체를 통해 개인 각자의 스타일을, 고집과 편견을, 이기심과 욕망을, 환상과 비전을 드러낸다. 그중에 일부는 스타가 되고, 코미디언이 되고, 장돌뱅이가 되고, 괴물이 되기도 한다.

자연히 내 관심이 가는 쪽은 대중매체를 활용해서 이름을 얻고자 애쓰는 지식인들의 행태다. 넓은 의미의 지식인들과 여론 형성자들(opinion-leaders)이 영상매체에 등장해서 양아치 같은 표정과 어투로 대중의 관심을 끈 것은 사실 얼마 되지 않은 일이다. 다 아는 대로 자본주의적 안정화를 바탕으로 대중매체의 전성기와 더불어 고급한 교양과 사적 체험이 상품이 되는 시대가 이 같은 기발한, 혹은 해괴한 현상의 배경이 되었다. 대중 앞에서 '고함'을 치고 '삿대질'을 하며, 게다가 공통의 적(敵)으로 상정된 대상을 향해 '욕'을 해대는 행위는 통상 정치적 선전선동의 일환이었다. 혹은 여운형(1886~1947)이나 김원봉(1898~1958?)처럼 민족해방투쟁의 한 풍경이었던 것이다. 하지만 우스꽝스럽게도, 언제부턴가, 공맹을 떠들면서, 칸트를 해설하면서, 혹은 불경(佛經)을 강설하는 중에도 마치 경매꾼들처럼 눈을 번득이고, 여리꾼처럼 홍보를 하고, 후진 동네의 양아치처럼 발악적이다. 평심한 사실을 놓고서도 목울대를 높이고, 호리(毫釐)만큼 말길이 갈라져도 삼대의 원수처럼 살벌해진다.

이들의 행태가 꼼꼼한 비평을 요하는 것은 전통적으로 지식의 위상과 성격이 아주 달랐기 때문만이 아니다. 이는 앞서 말한 대로 '그 입의 문화' 속에는 이 나라 정신문화의 단면이 고스란히 들어있기 때문이다. 물론 지식의 자리를 한 곳에 고정시켜 그 가치를 윤리화시키자는 게 아니다. 지식을 진리와 등치할 수 있는 시대도 아니고, '인간의 마음을 열면 더 나은 진리는 반드시 발견되고야 만다'(존 스튜어트 밀)는 식의 준(準)형이상학적 기대조차 민망한 시대다. 하지만 인문학적 지식론에서 이미 보편적으로 인정되고 있는 것이 그 형식과 내용 간의 연루(連累)이며 삼투(滲透)다. 내가 긴 세월 애용해온 '행지(行知)'나 (상호)개입이라는 말도 이러한 취지와 겹친다. 실은 이 이치를 좇아가면 궁극적인 '불이(不二)'의 체험조차 낯선 게 아니다. 아무튼 지식의 구성과 발화는 그 화행(話行) 혹은 화자의 태도와 내적으로 결부되어 있는 것이다. 오히려 지혜나 암둔의 차이, 그리고 그 뿌리는 화행(行)에 있다. 오늘날의 대중매체적 지식-행위가 안고 있는 문제는, 그 화행이 자본과 인기의 효력에 의해서 내몰리고 있다는 데 있다. 전방위적으로 퍼져가는 이 효력에 편승하는 지식인들의 화행은, 곧 이 나라의 정신사가 낙착한 자리를 극명하게 드러낸다.

천박함이란, 반드시 자신을 '과시'하려는 심보나 태도에서 생긴다. 얕은 개천은 천(淺)하고 박(薄)하지만 결코 천박하지 않다. 너댓 살 짜리의 말과 행동은 뻔하다. 그러나 누구도 이를 일러 천박하다고 평하지는 않는다. 그 누구의 기대도 어기지 않는다는 점에서 그것들은 그저 상식적인 행동에 불과하기 때문이다. 과시하려는 행동이나 허영 그 자체를 적극적으로 문제시하기는 어렵다. 칸트나 헤겔 등이 자신의 역사철학에서 '부정적' 여건이 역사의 발전에 내적 동인으로 기능한다는 점을 밝히고 있는 것처럼, 과시나 허영, 이기심과 욕망도 반드시 해악의 씨앗이 아니며 따라서 이들을 애초에 박멸할 필요도, 또 그럴 가능성도 없다. 오히려 우리 시대의 문제는, 과시욕이나 허영이 어떤 매체와 접속하는가에 달려 있다. 예를 들어 2017년 통계에 의하면 그 해 미국에서 총기 사건사고로 사망한 사람이 근 4만 명에 달했는데, 이는 한국전쟁 3년 동안에 죽은 미군 전체의 수(36,574명. 비전투 사망자 포함)보다 많다. (내가 다른 글에서 '핸드폰의 罪'를 물었던 것처럼) 이러한 통계는 '폭력성'이라는 심리적 환원에 의해 설명되지 않는다. 차라리 매체(총기)의 효과라고 해야 한다. 과시욕이나 허영의 경우에도 마찬가지다. 인간의 욕망이 TV나 핸드폰, 그리고 유튜브 같은 매체와 접속하는 방식과 그 효과를 물어야 하는 것이다. 이들의 '천박함'에 관해서도 그런 식으로 접근하는 게 낫다.

여운형이나 리영희 같은 사람들도 있듯이 천박한 인간들도 언제 어디서나 볼 수 있다. 문제는 '천박한 사회'인 것이다. 다만 천박한 인간들의 존재가 천박한 사회를 만드는 게 아니다. 천박한 사회란, 그 천박하고 경조(輕躁)한 행태가 (마치 사춘기의 불량소년들처럼) 당대의 인기를 몰아주는 유행이 되는 사회를 말한다. 역사적 경험을 통으로 내 던져버린 채 제 나름의 전통을 일구어내지 못하고 공시(共時)의 문명만을 누리려는 이들의 사회는 부박할 수밖에 없다. 직업이나 재산의 씀씀이에 관한 자신만의 윤리나 철학, 그리고 감각을 얻지 못한 채로 오직 기회와 연줄을 계기로 삼아 쓸어담고 끌어모아 쌓은 재부(財富)로써는 사람살이의 인품이나 권위를 얻을 수 없다. 생활양식의 바탕 위에서 긴 세월 차분히 건조된 문화가 아니라 사적 재주가 당대의 유행에 편승해서 일거에 평지돌출한 예술적 실천들은 하나같이 경조부박한 피라미의 꼴을 보인다. 지식의 실천의 경우도 마찬가지다.

이에 대한 하나의 사례로 김용옥(金容沃, 1946~) 씨를 언질할 만하다. 지식이 실천되는 꼴은 김 씨의 경우을 통해 그 천박성의 한 정점을 친다.

그 천박함을 낱낱이 예거할 필요는 없지만, 다만 그것이 지식의 실천을 매개로 행해진다는 점이 매우 흥미롭다. 그저 재승(才勝)한 사람의 '개성'이라고 여길 수도 있겠고, 또한 대중들도 대중매체를 통해 이루어지는 그의 활동을 일종의 에듀테인먼트(edutainment) 정도로 여기며 즐기는 듯하다. 내가 김 씨의 대중적 언술활동을 굳이 예거하는 이유는, 우선 그의 경우가 우리 사회의 특성에 비겨 극히 '증상적'이라고 판단되기 때문이며, 게다가 여럿이 그의 행태를 살금살금, 혹은 노골적으로 흉내 내고 있기 때문이기도 하다. 널리 알려진 대로 우리 사회는 '압축성장'의 끝판왕이라고 할 수 있는데, 이러한 성장의 결과물들이 곧 '졸부(猝富)'라는 만연한 표상이다. 잘라 말하자면 졸부는 길고 깊은 시간과 장소의 부재에 시달리(려야만 하)기에, 이 부재를 반증(反證)하려는 행태 속에서 허영과 과시가 흘러나오게 된다. 또한 이 과정이 대중매체를 통하면 종종 천박함을 띤다.

공부의 기이한 길은, 각자의 실력이 개창하는 인끔(금)의 초월성에 의해 자신의 존재를 이동시킬 수 있다는 데 있다. 특별히 우리 사회에 널려 있는 갖은 졸부─그 부(富)가 골프채든 혹은 지식이든 상관없다─혹은 졸부류의 자만심을 가진 이들은 자신의 '존재'를 (뒤늦게) 상징적으로 포장하거나 정당화하려는 노력에 나서게 된다. (물론 이 노력은 필경 과시나 '허영'의 다른 이름일 뿐이다.) '상징적 자본'을 먹고 살아가는 지식인-졸부의 경우 이는 거의 필연적인 결말이다. 그러나 존재양식(Seinsweise)의 함양(涵養)은 장구한 정신역사적 과정이므로, 졸속하게 얻은 재산이나 지식은 존재론적 정당화에 실패함으로써 필연적으로 꼴사나운 과시나 허영의 습벽에 노출되기 마련이다. 간단히 이를 '속물'이라고 부름직한데, 대개 속물은 곧 상징적 자기 정당화에 실패한 졸부이기 때문이다. 김 씨의 학력(學歷)은 예외적이고 그 학력(學力)도 볼만한 구석이 적지 않다는 사실은 널리 알려져 있다. 문제는 대중매체를 활용한 그의 지식활동의 대체적 행태가 졸부-속물로 이어지는 우리 사회의 정신문화적 풍토를 증상적으로 압축하고 있다는 것이다. 아울러, 효빈지폐(效顰之弊)에 쏠리는 일부 후학들이 턱없이 그 천박함을 무슨 유행처럼 따른다는 것이다.

사회적 합리성은 제대로 된 평가와 배치에 의존한다. 세상과 사태의 시비곡직을 분별할 줄 아는 중론(衆論)이 꾸준히 삶을 향도할 수 있어야 공정(公正)의 문화가 퍼지고 원망은 줄어든다. 권력의 후광이나 자본의 욕망에서 비교적 자유로운 공론장과 비평적 실천이 지속되어야 '진짜'들이 제 모습을 드러내고 가짜들은 스스로를 부끄러워할 줄 알게 된다. 그러나 내가 살아본 이 사회는 엄살과 원망이 들끓는 곳이다. 변덕과 '작은 차이의 나르시시즘'이 횡행하는 곳이다. 그리고 과시와 허영이 유행처럼 번득이는 곳이다. 그래서 졸부와 속물의 세상이다. 그러나 (조르주 소렐의 분류처럼) 이러한 비평은 '낙관주의적-개인적' 지목일 수 없다. 내가 굳이 김 씨에게 책임을 묻는 것은 그의 학력/학력(學歷/學力)이 남다르고 그 지명도나 영향력이 다대하기 때문이다. 그러나 무엇보다도 대중매체를 활용해서 이루어진 그의 지식활동과 그 행태가 '비관주의적-체계적' 증상으로 읽힐 수 있기 때문이다.

김용옥 씨 등의 지식실천 행태에서 한 극명한 꼴이 드러나는 이른바 '천박한 입들의 문화'는 대중영상매체와 자본력이 매개하고 있는 일종의 모방체계다. 지식이 그 자체로 분명한 임상적 효용을 드러낸다면, 그 지식의 실천이 굳이 천박한 과시나 우스꽝스러운 짓거리와 결부할 필요가 없다. 그 누구의 말처럼 실학(實學)이라면 실지(實地)에 차분히 붙어있을 요량이고, (빈 수레가 요란하다지만) 진짜라면 요란을 피울 필요조차 없다. 가령 병을 치료하는 기술을 핑계로 헛된 과장을 일삼는 이를 일러 돌팔이라고 부르고, "필경 관객을 속이는 것이 그 직업의 전모(his entire job is to ultimately deceive his audience)"(Criss Angel)인 자를 그저 마술사라고 하는 것이다. 인문학의 위상에는 비교적 애매한 구석이 있고, 그 지식의 실천이 반드시 공리(功利)를 향한 것이 아니라고 하더라도, 과장과 변명과 과시와 천박한 웃음이 대안일 리 없다. 지식이 실천되는 꼴이 마술사나 돌팔이와 같거나 정치꾼이나 개그맨과 같다면 그 사회는 천박하며, 이미 졸부와 속물들이 지배하는 사회인 것이다.

불행하고 기댈 곳이 없는 사랑

Niemals sind wir ungeschützter gegen das Leiden, als wenn wir lieben, niemals hilfloser
unglücklich, als wenn wir das geliebte Objekt oder seine Liebe verloren haben.
우리는 누군가를 사랑할 때보다 더 열정에 무방비로 노출된 때가 없으며, 또한 사랑의 대
상이나 그 사랑을 빼앗겼을 때보다 더 불행하고 무력할 때가 없다.
S. Freud

　심지어 정화된 사랑조차도 애욕(愛慾)에 물든 리비도로부터 에너지를
얻는다. 혹은 베르그송의 표현처럼, '의무를 순수하게 이성적 토대 위에
기초하게 한다는 도덕은 항상 무의식중에 다른 차원의 불순한 힘들을 끌
어들인다'. 프로이트는 고도의 정신활동조차 성적 리비도와 내통한다고
한다. 사랑, 혹은 이와 유사한 정서가 강할수록 리비도는 그 일방적 점착
성에 붙들려 다른 창의적 대체재들을 얻지 못한다. 무방비하고 기댈 곳이
없는 약자성의 정체는 다름 아닌 이 대체물(Ersatzmittel)의 부재인 것이
다. 사랑이 보상이거나 환상인 것은 거의 틀림이 없지만, 이것조차 진실
할 때일수록 더욱 위험한 이유가 여기에 있다.

타인의 쾌락

엄밀히, '타인'이란 존재할 수 없는데, 만일 그 같은 존재가 있다면 그(녀)는 이미 족히 사람조차도 아닐 것이기 때문이다. 가령 다른 계제에 몇 번 언질하였지만, '명왕성에 홀로 존재하는 귀신'과 같은 현상/개념이 왜 흥미가 없을까? 그것은 완벽한 타자이며, 따라서 사람의 현실에 접촉할 수 없기 때문이다. 인식론적 경계가 있듯이 (사람의) 현실에도 경계가 있다. 그러므로 대체로 그 모든 타인은 나의 해석학적-실용적 관심에 투영된 대상이며, 따라서 이미 타인이 아니다. 내가 '타인의 쾌락'을 말할 때의 타인이란 바로 이 같은 '타인이 아닌 타인'을 가리킨다.

따라서 타인의 쾌락에 대한 관심이 논제가 되었을 경우, 그 논의의 숨은 고리는 내가 그 쾌락의 형성에서 어떤 역할과 개입을 하는가, 하는 문제일 수밖에 없다. 쾌락은 객관적으로 설정할 수 없고, 언제나 내가 그 쾌락-관계와 어떻게 접속하고 있는가 하는 점을 살펴야만 맥락을 잃지 않기 때문이다. 타인의 쾌락을 두고 왈가왈부하거나 심지어 공분(公憤)(!)

을 느끼는 것은 우선 자신이 선 자리와 살아온 방식을 알린다. 타인의 쾌락은 그 관계의 원근에 의해서 증감(增減)하고, 자신의 인생관에 의해 그 질적 편향이 드러난다. 이런 점에서 남의 쾌락에 대한 나의 반응은 그 관계의 강도와 내 삶의 지향에 의해서 결정되는 일종의 벡터(vector)인 것이다. 그러므로 타인의 쾌락에 대해 특정한 정서가 발동하거나 느낌이 일면, 그 절반의 진실이 자신에게 있다는 사실에 유의해야 한다.

타인의 쾌락이 이래저래 나를 성가시게 하거나 심지어 내 존재에 대한 실정적인 위협이 되는 경우는, 필경 내가 최종심급에서 의지하고 있는 그 바탕의 성분이 무엇인가를 잘 보인다. 사이코나 철면피한조차도 정서적으로 의존하고 있는 곳을 갖는 법인데, 물론 여기에는 리비도의 점착성(Klebrigkeit der Libido)이 깊이 관여한다. 한번 대상관계가 이루어지면 이를 변화시키거나 해체하기가 어렵다는 사실에서 이른바 시기(猜忌)로부터 '열정의 범죄(crimes of passion)'에 이르기까지 쾌락을 둘러싸고 벌어지는 갖은 소동과 억측의 내력을 짐작할 수 있다. 그러므로 '타인의 쾌락'이 자신의 문제가 되었을 경우에는 우선 2가지를 살피는 게 좋다. 첫째는 응당 그 타인과 자신의 관계다. 인식이 '관계적, 원근법적, 그리고 권력지향적'(니체-푸코)일 수밖에 없다면, 타인/자신의 사통(私通)에 눈감고 이루어지는 그 모든 발화와 태도는 자기기만이겠기 때문이다. 따라서 이 문제는 이미 자신이 간여하고 있는 리비도-점착적 관계를 교정하거나 해소하지 못하는 이상 풀기 어렵다고 보아야 한다. 둘째는 이로부터 자연스레 이어지는 결론이다. 자기라는 게 그 나름의 역사를 통해 구성된 사후적 증상의 집성체이고 또 이것은 자신의 존재를 뒷받침하고 있는 정서적 리비도의 점착성에 의지하는 이상, 자기, 혹은 자기 관계를 바꾸는 것은 극히 어렵기 때문에 가능하면 타인의 쾌락에 젓가락질이나 가위질을 하지 않는 게 낫다.

타인의 쾌락에 간섭하려는 욕망을 이해하고 분석하는 데 소용되는 또하나의 길은 늘 쾌락의 원점(原點)을 시야에서 놓치지 않는 데 있다. 쾌락은 눈이 없는 짐승과 같아, 행동의 원점으로서의 충동(Trieb)을 고집하고, 따라서 늘 과거로 회귀한다. 그러므로 간섭하고픈 욕심은, 달리 말해서 욕망의 미래적-변증법적 변신이나 승화에 실패한 셈이다. 고쳐 말하자면 이 변증법을 충동의 애착적 고리에 묶어서 그 다이내믹을 죽여버린 것이다. 타인의 쾌락에 대한 (집요한) 관심은 이처럼 대체로 '과거적'이며, 비록 타인의 미래를 인터셉터(intercepting)하려는 욕망조차도 과거의 충동에 터하고 있다. 욕망을 미래화한다는 것은 자아의 재구성이나 주체화의 과정에서 뺄 수 없다. 또한 이 과정은 타인의 욕망과 쾌락을 괄호(括弧) 속에 넣을 수 있는 관후한 지혜를 배우는 시간이기도 하다. 타인의 쾌락이 견디기 어려운 경험이 되면, 이는 대체로 자신의 옹졸한 에고가 들끓는 신호다. 이 에고는 과거를 고집하고, 그 과거 속의 환상적인 영지(領地)에 붙박힌 채로 자신과의 관계들을 독재한다. 대개의 경우, 타인의 쾌락에 간섭하지 않는 게 낫고, 자신의 쾌락을 미래화, 다양화, 섬세화하는 게 좋다.

성욕의 별신別信

Jede Verachtung des geschlechtlichen Lebens, jede Verunreinigung desselben durch den Begriff 'unrein' ist die eigentliche Sünde wider den heiligen Geist des Lebens.

성생활을 무시하거나 '불순한' 개념을 통해 그 생활을 오염시키는 것은 죄다 삶의 성스러운 정신에 반하는 본질적인 죄가 된다.

Friedrich Nietzsche

사람들을 지속적으로 결합시키는 게 '목적이 금지된 성적 충동'이다.

S. 프로이트

사랑이란 건 더 소중하게 다루지 않으면 안 되는 무서운 거야.

川端康成, 「女子であること」

성욕은 두 사람을 가까워지게 만든다. 이 물리화학적 현상은 짐승의 것이라 간결하지만, 가까움(親愛)의 불확정이나 그 가능성에 대해서는 여전히 제대로 알지 못한다. 사람들은 성욕의 순항(巡航)을 기대하고, 그 기대를 채우기 위해 애처롭게 난시(亂試)하기도 한다. 그러나 '성욕의 평화'라는 것은 없다. 이데올로기 중에도 사랑을 옹위한 것만큼이나 화려한 것은 없었지만, 그 주초가 성욕인 이상 평화는 없는 것이다. 사념에 쉼이 없듯이 이런 종류의 리비도는 자족을 모른다. 가령 포르노를 정치적으로 이용하려는 이들의 판단을 단견이라고 보는 이유가 여기에 있다. 성욕은 본질적으로 눈이 없고 요란부박(搖亂浮薄)해서 사람들의 의도를 큰 걸음으로 비껴간다. 그러나 바로 그 탓에 그들은 더욱 평화로운 풍경을 연출해야 하고, 사회는 그 연출을 제도화하고 문화종교적으로 승인해 준다. 혼인의 성화(聖化)는 이렇게 이루어지지만, 물론 이 성화는 성화(性火)를 숨기고 있다.

바로 그 탓에 성욕은 두 사람을 졸지에 멀어지게 만든다. 성욕만큼 강한 충동을 찾아보기 어렵기에 이를 상보적으로 조정하기가 어렵고 그 부작용은 언제나 추레한 세속의 압권을 이룬다. 혼인이 자주 (예상을 뒤엎고) 고장 나거나, '강간'이라는 범죄가 유사 이래 계속되어 근절할 수 없는 것에도 이 성욕의 특이성이 깊이 간여한다. 이 그악스러운 충동을 강제로 연기하거나 억제해야 할 경우에 두 사람의 관계는 손쉽게 파탄에 이른다. 결별을 요구하는 애인을 해코지하는 데에는 별스런 복잡한 이유가 없다. 사랑하는 자리마다 증오가 돋는 일(愛多ければ憎しみ至る)을 피할 수 없는 것에도 성욕의 덩어리가 암약한다. 그래서 선인들이 애오(愛惡)

를 곁눈으로 살피라고 권했고, 정신분석학은 사랑과 미움을 그저 리비도 경제학으로 비견하였으며, 나 역시 '호감/호의'를 동무연대와 신뢰의 벡터로 변환시키고자 애썼다.

빛은 꼭 그늘을 불러온다. 재능은 허영을, 관록은 경직을, 과욕은 환상을 불러오니, 매사 화복과 길흉이 겨끔내기로 드러난다. '검은 소가 흰 송아지를 낳았다(黑牛生白犢)'는 고사처럼 길흉과 호오의 변전과 어긋남이 곧 우리의 인생이므로, 한 곳에 붙박인 채로 애착하거나 혹은 원념(怨念)에 들끓을 필요는 없다. 모든 것은 변하기 때문이며, 인생의 지혜란 오직 이 무상의 어긋남에 응대하면서 익혀가는 것이기 때문이다. 성욕의 별신(別信)이란, 성욕이라는 무시무시한 힘의 다툼에서 한 걸음 떨어져나옴으로써 얻게 되는 가능성으로서 오래전에 프로이트가 '목적이 금지된 성적 충동'이라는 메시지 속에 담아 둔 것이다. '성교(교미) 후에 모든 짐승은 슬프다(Post coitum omne animal triste est)'고 한다면, 이 별신의 지평은 성교 전에 찾아오는 기쁨이 현명해질 수 있는가를 묻는다.

여분의 사랑

Auf der Höhe eines Liebesverhältnisses bleibt kein Interesse für die Umwelt übrig.
사랑하는 관계라는 이 高地 위에 서면 여타의 주변 세계에는 관심이 없어진다.
Sigmund Freud

여분(餘分)인 채로 서 있다. 그것이 사랑하는 사람인 것이다.
롤랑 바르트, 「사랑의 단상」

　인간은 언제부턴가 '사랑을 잃을지 모른다는 두려움'을 지니게 되었다. 짐승들도 교미의 대상을 구하지만, '사랑'을 간직하거나 고집할 수 없다는 사실에서 인간의 딜레마는 극명하게 드러난다. 인간은 교미의 대상(對象)을 이상(理想)으로 여겨야 하기 때문이다. 프로이트는 이를 일러 삶의 약점이라고 지적―"사랑이나 그 대상을 잃을 때만큼 무력하게 불행할 때가 없다는 게 이 삶의 방식의 약점"―하였지만, 하기사, 진정한 성취 중에

서 제 약점을 뚫어내고 얻어지지 않은 것이란 없다. '사랑은 없다'(라캉)
고 말해도 별 소용이 없다. 진작부터 알고 있었기 때문이며, 애착의 리비
도가 벌이는 맹목의 자리를 비우는 것은 이미 물리적인 고통이기 때문이
다. 그 이름이 중요한 게 아니라, 점착(粘着)의 사실이 논점이다. 그렇다.
사랑하는 사람이여 … 그것은 점착하고서도 여전한 여분이다.

만약 진정으로 사랑한다면?

> 트라우마의 피해가 경험을 진술할 때 사실과 부합치 않으면 바로 여기서 진술의 진
> 정성(truthfulness)이 깃든다 … 진술 내용이 방식을 '오염'시키는 신호이기 때문이다.
>
> 지젝, 『이데올로기라는 숭고한 대상』

진정성(truthfulness)이 사실성(factuality)을 능가하는 정서를 일러 열
정(passion)이라고 부른다. 그렇다고 해서 우리는 열정을 거짓말이라고
쉽게 타매하지는 않는다. 마찬가지로 '허영'이라고 폄훼하지도 않는데,
허영은 자아를 강화하기 위한 이데올로기적 보충이지만 진정성으로 부
푼 열정은 제 스스로 자아를 위기에 노출시키기 때문이다. 가령 피해자들
이 자신의 사연을 호소할 때에 자주 드러나는 거짓말의 흔적도 일종의 열
정인데, 슬픈 일이긴 하지만 '피해의 열정'은 언제나 사실성에 의해서 증
명될 수 없기 때문이다. 물론, 사랑이라는 열정도 마찬가지다.

집안의 천사

그 소설의 비평 기사를 쓰는 동안 깨달은 게 있었습니다. 서평을 쓰려면 어떤 환영과 싸움을 벌여야 한다는 겁니다. 그 환영은 여자였습니다. 그녀에 대해 더 잘 알게 되자 유명한 시의 여주인공 호칭을 따서 '집안의 천사'라고 불렀습니다. 어느 유명한 남성 작가에 관한 비평기사를 쓰는 동안 나와 내 글 사이를 찾아오곤 하던 존재가 바로 그녀였지요. 나를 애먹이고 내 시간을 허비하게 만들고 지독히도 괴롭힌 탓에 결국 내 손으로 죽이고 만 존재가 바로 그 천사였습니다 … 그 천사는 공감 능력이 뛰어났습니다. 대단히 매력적이었고. 철저히 이타적이기도 했습니다. 가정생활의 어려운 분야에서 탁월한 기량을 발휘했지요. 날마다 자신을 희생했고요. 닭고기가 있으면 싫든 좋든 다리를 먹었습니다. 외풍이 있으면 스며드는 바람을 맞고 앉아 있었고요. 말하자면 그녀는 그렇게 만들어진 존재라 독자적인 생각이나 소원을 품은 적이 없었습니다. 다만 언제나 다른 사람들의 생각과 소원에 공감하기를 원했습니다. 무엇보다도, 굳이 말할 필요도 없지만, 그녀는 순수했습니다 … 이 '집안의 천사'를 죽이는 것, 그 것은 여성 작가가 하는 일의 일부였습니다.

버지니아 울프, 『여성의 직업』(1931)

내가 첫 문장을 읽고서 '천재'라고 직감한 이들이 적지 않은데, 그중에서도 니체와 버지니아 울프가 대표적이다. 하지만 이 두 유형의 천재는 매우 대조적이다. 니체에서부터 역시 1900년에 죽은 오스카 와일드의 천재에 이르기까지 이들은 천재는 그야말로 지랄(知辣)을 떤다. 물론, 아무리 지랄을 떨어도 천재는 천재이므로 언제나 그들의 독서는 즐겁고 유익하다. 그러나 버지니아 울프의 천재는 슬프고 으늑한 구석이 있다. 게다가 남자들은 아무 천재가 아니어도 대학원만 다니면 지랄을 떠는데, 여자들은 제 재능을 감히 짐작도 못 한 채 스스로 우울한 소외에 내몰려 있는 경우가 적지 않다. 그리고 그들은 울프처럼, 내면에 산적한 그늘진 역사의 최전선에서 익사하고 만다.

동물'사랑'이라는 정서의 길

몇 차례 말하였는데, 고양이나 개와 같은 동물을 '사랑'하는 짓은 이미 공부자리를 벗어났다는 징조이며, 응당 스스로 그 '정서의 길'을 살펴 재배치해야 한다. '생명에 대한 외경(Ehrfurcht vor dem Leben)'(슈바이처)이라거나 혹은 '잔인하지 말 것(the principle of non-cruelty)'(R. 로티)이라거나 '사린(四隣)의 윤리'(k) 등속의 윤리는 개에 옷을 입혀 안고 다니거나 고양이 시중을 드는 짓과는 아무 상관이 없다. 어떤 직관은 번개처럼 기별하지만 이를 낱낱이 설명할 순 없다.

짐승을 예뻐해선 안 된다

고양이를 예뻐하고 당구를 치고 분재(盆栽)를 가꾸고 싸구려 카페 여종업원과 장난
치는 것 말고는 달리 아무 일도 하고 싶어 하지 않았다.

다니자키 준이치로, 『고양이와 쇼조와 두 여자』

짐승을 예뻐해선 안 된다. 이런 말을 한들 납득할 리도 없겠으나, 고양
이든 뭐든 짐승을 굳이 애완(愛玩)하는 것은 사람됨의 도리가 아니며, 특
히 공부길에서는 사마(邪魔)가 튼 것이나 진배없다. 짐승을 대하는 옳은
태도 역시 '돕는' 것일 뿐이며, 돕는 것은 좋아하는 게 아니다.

4장

TK란
무엇인가

세계 종교평화 연구소

Hier diese Reihe sind zerfallene Schöße / Und diese Reihe ist zerfallene Brust / Bett stinkt bei Bett / Die Schwestern wechseln stündlich…
여기 이 줄은 허물어진 자궁들 / 그리고 이 줄은 부서진 유방들 / 침대마다 악취를 풍긴다 / 간호사들은 시간마다 교대한다…
Gottfried Benn, 「Mann und Frau Gehn durch die Krebsbaracke(남자와 여자가 병동을 지나 가다)」

"자고 가세요~ 아가씨 이뻐요!" 얼마 만에 들어보는 정다운 음성인가. 괴상한 화장으로 얼굴이 난장판이 된 아주머니가 나를 불러세우며 색기 농염한 미소를 흘렸다. 귀갓길이 늦어 환승을 하게 된 탓에 대전역 역사 앞의 편의점을 다녀오던 중이었다. 편의점의 저편 너머에는 '세계 종교 평화 연구소'라는 간판이 신화처럼 삐죽이 드러나 있었다. 새벽 1시에 가까웠고, 내 손에는 벤(Gottfried Benn)의 시집이 삐죽이 드러나 있었다.

낙동강의 이명박들

낙동강이 죽어간다. 지난 10년간 해마다 수영복을 챙겨 나갔다가 번번이 포기, 그저 아득한 옛 추억만을 챙겨 돌아왔을 뿐이다. 이제는 발을 담글 수도 없을 만치 충충이 썩어들었다. 뻘 같은 녹조에 놀란 사람들은 보(堡)와 '이명박'을 묶어 쉽게 질타한다. 그러나 현장을 다녀본 이들이라면 '녹조-이명박'의 프레임이 전부가 아니라는 사실을 금세 절감한다. 낙동강의 인근에는, 혹은 우리들 사이에는 수많은 이명박들이 암약하고 있는 것이다. 오염은 보다 심층적이며, 각종각양의 오염원마다 이명박들이 뻔뻔스레 살아가고 있다.

이명박들이 이명박을 비판하고 조롱하는 세태, 수많은 이명박들이 하나의 이명박 뒤에 숨어 있는 나라에서 오늘도 낙동강은 썩어간다.

똥 천지

25만 명이 거주하는 대도시 중에서 5만여 채 집의 초가지붕이 흙집인 곳이 또 어디에 있을까? 가장 중요한 거리가 하수가 흘러들어 도랑이 되어버린 도시가 또 어디 있을까? 서울은 산업도, 굴뚝도, 유리창도, 계단도 없는 도시, 극장과 커피숍이나 찻집, 공원과 정원, 이발소도 없는 도시다. 집에는 가구나 침대도 없으며, 변소는 직접 거리로 통해 있다. 남녀할 것 없이 모든 주민들이 흰옷을 입고 있으면서도 다른 곳보다 더 더럽고 똥 천지인 도시가 또 어디에 있을까?

에른스트 폰 헤세-바르텍, 「1894년, 조선」

왜놈들이 한반도를 침탈하면서 퍼뜨린 악의적인 '소문'은, '조선인은 더럽고, 게으르며, 정직하지 못하다'는 것이었다. 그 문장의 구성에서도 혹은 당시의 정황으로 보아서도 이른바 '이데올로기적' 냄새가 물씬 풍긴다. 그러나 자지자명(自知者明) 속에서 새롭게 (재)발견되는 지식 속에는 대개 쾌락이 적은 법이다. 대체로 자기 이해가 어려운 까닭은 그 앞이 자기애를 포함한 일체의 쾌락을 거슬러 가면서 이루어지기 때문이다.

밀양강은 운다 1 : 자본이 강물에 닿지 않는 이유

밀양강의 방죽이나 서덜, 그리고 둔치는 자본이 집중적으로 몰리는 곳이다. '관리/수리하지 않고 교체/신설한다'는 이 나라의 모토가 여실히 나타나는 곳이기도 하다. 한 달이 멀다 하고 헐고 뜯고 부수고 판다. 그리고는 새로운 시설물들이 뻔뻔스레 들어선다. 그러나 강물에 대해서는 그 누구도 무관심해 보인다. 인간일랑 언제나 절망이더라도, 나날이 산간 계곡에서 기운차게 내려오는 생수(生水)의 왕림에는 늘 미안하다. 나는 소싯적 한때 (낙동)강 수영을 즐기곤 하였지만, 지금은 손은커녕 발도 담글 수 없을 지경이다. 왜 이런 부조리가 그치지 않을까?

이 촌바닥인 밀양도 어김없는 자본제적 체제를 이루고 있으므로, 문제는, '자본이 강물에 닿지 않는 이유'를 찾아야 한다. 그리고 그 이유는 너무나 명백하다. 그것은 강물, 더구나 밀양강물, 이라는 게, 자본이 로비할 대상-품목이 아니기 때문이다. 거꾸로, 강의 방죽이나 둔치에 자본이 쏠려서 과다/압축 투자를 반복하는 이유는 바로 이 지역을 사업의 대상/소재로 삼아 관료들에 접근하려는 업체들이 많고, 토호 세력으로 안산(案山)처럼 안착해있는 지역의 관료들이 여기에 쉼 없이 영합할 것이기 때문이다. 이미 썩어가는 강물을 정화하려면 수질정화와 관련되는 업체들이 성업(盛業)해야 하고, 이들의 자본이 로비를 통해서 관료제를 뚫어야 한다. 그러나 그 같은 사업체가 없으며, 그러므로 자본이 강물에 닿지 않는다.

그러므로 관료제의 청탁(淸濁), 그 용사(用捨)와 출척(黜陟)은 극히 중요할 수밖에 없다. 넓혀서 보자면, 독일이나 일본의 근대적 성취는 바로 이 관료제의 효율성에 있었던 것이다. (밀양시청 등의 관공서에 갈 때마다 느끼는 일인데, 이른바 복지부동(伏地不動)이라는 표현은 그들의 몸과 책상머리가 '무기력한 혼연일체'가 된 모습 속에서 완벽히 현시하는 듯하다. 내가 매일이다시피 산책하는 밀양강의 그 어느 곳에서도 이들은 없다.) 관료제가 시정을 합리적으로 배치, 조절, 운용, 개선할 수 있는 능력이 있다면 눈먼 자본의 일부라도 강으로 흘러들 수 있을 것이다. 자본의 유통이 편파적 로비에 의해서 왜곡되어 있다고 하더라도, 혹여 깨어 있는 시민들 한 사람 한 사람의 손길이 어울려서 부채 바람 같은 동력을 얻을 수 있다면?

밀양강은 운다 2 : 현회약수顯晦若水

  더러운 밀양강은 늙은 보살(菩薩)처럼 제 일을 하면서 긴 울음을 운다. 절망의 인간들이 숨긴 과거를 가장 낮은 자리에서 적나라하게 드러내면서, 검게 울면서 흐른다. 이제 상선약수(上善若水)는 없다.

관원 대리체제와 미래의 구세주

지방에 가 보면, 경북 영주처럼, 읍밖에 안 되는 작은 도시에도 20층짜리 아파트 단지가 크게 지어져 있어요. 5층짜리 건물을 아담하게 지으면 되는데 왜 멀쩡한 땅을 놔두고 이런 짓을 하겠습니까? 용적률 인상을 거기만 해주고 나머지는 안 해주는 거예요. 그래야 그 땅 주인과 건설업자가 돈을 버니까요. 이런 일은 전 세계 어디를 가도 우리나라밖에 없어요. 왜 전 세계에는 없는데 우리에게는 있을까요? 여러 번 말했지만, 이것은 우리가 관료에게 넘겨준 권한이 너무 크기 때문입니다. 그래서 이 사람들이 자기들 입맛대로 하다 보니까 우리가 말도 안 되는 삶을 사는 거예요.

주진형, 「경제, 알아야 바꾼다」

옛날 서리(胥吏)의 직에 있으면서, 옛날 대부(大夫)의 권한을 잡고 있는 자가 향리이다 … 지금 지방의 수령은 오래 있는 자라야 3~4년이고, 그렇지 않은 자는 1년뿐이다. 그들이 벼슬자리에 있는 것은 지나가는 나그네와 같게 된다. 그런 형편이니 향리가 이들에게 대해서 은덕과 의리로 서로 매여 있을 것이 없다. 그런 까닭으로 그 권한이 항상 향리에게 있게 되며, 그들이 모함하고 속이기를 쉽게 할 수 있게 된다 … 권한이 있는 곳에는 사람을 살리고 죽이고, 화(禍)를 주고 복을 주는 것이 달렸으니, 그들이 그 악함을 백성에게 부리는 것이 어찌 다함이 있으리요.

茶山 정약용(丁若鏞), 「鄕吏論」

議政金載瓚啓言：重囚見失, 限內未捉, 則守令罷拿, 自是法文矣. 近來外邑失囚之報甚多, 而每在於稍有治聲之邑. 聞邑屬謀逐邑倅, 則必故縱重囚, 仍不捕捉, 以爲售奸之妙計云. 奸無不有, 法反爲弊有如是矣. 近則尤有甚焉, 今若一任其滋奸, 則將見弊無所不有矣. 此後則勿爲先罪守令, 必令嚴覈刑鎖, 然後庶爲折奸杜弊之道.

좌의정 김재찬(金載瓚)이 아뢰었다. 법조문에 중죄수가 탈옥했는데 법정(法定) 기한 안에 체포하지 못하면 수령을 파직하고 잡아다가 처벌하는 규정이 있습니다. 근래에 지방에서 죄수가 탈옥했다는 보고가 매우 많이 들어오는데, 매양 잘 다스린다는 소문이 있는 고을에서 발생합니다. 듣기로는 고을의 하급 관리들이 수령을 몰아내고 싶으면 반드시 일부러 중죄수를 풀어 주고는 잡지 않는다고 합니다. 그것을 자신들의 계획을 성공시키는 묘책으로 생각하여 별의별 간악한 짓을 저지르는데, 법이 이러한 부작용을 낳은 것입니다. 최근에는 이런 일이 더욱 심하게 일어나는데, 만약 방치했다가 이런 풍조가 확산되면 장차 일어나지 않는 사건이 없을 것입니다. 앞으로는 수령을 먼저 처벌하지 말고 죄수를 감시하는 옥사쟁이[刑鎖]부터 조사해야 합니다. 그래야 간계(奸計)를 근절하고 폐단을 막을 수 있을 것입니다.

『日省錄』, 純祖 10年 6月 24日

미래는 관료제 사회다.

막스 베버, 「관료의 지배와 정치적 리더십」

우리 시대의 모든 악(惡)은 관료의 고리를 통한다. 관료(제)를 갈아엎을 수 있는 자, 아니, 최소한 자신만의 고유한 생활양식의 힘으로써 그 고리를 어긋낼 수 있는 길을 만드는 자, 그가 미래의 구세주인 것이다.

지구를 살리는 한 가지 요령

　'더' 잘 살리고 하는 일체의 행위를 중단한다. 사회의 발전 모델을 완전히 포기한다. 오직 사린(四隣), 즉 사물/동식물/사람/귀신 중에서 약자층에 속하는 이들을 돕기 위해서만 사회공학적 계획을 세우고 집행한다. 그러므로, 공무(公務)는 청소와 수리(修理), 재분배와 치료를 위한 활동에 제한되며, 사생활 역시 이와 보조를 맞춘다. 이로써 생기는 여력의 에너지(手間暇)는 주로 정신문화적 함양(涵養), 공부, 그리고 시심(詩心)을 키우는 데 바친다. 그리고 한 마을을 평가하는 가장 중요한 잣대는 그곳을 흐르는 물줄기다.

우주^{cosmos}와 자연^{nature}과 세계^{world}

'자연은 우주의 세속화'(엘리아데)라고 할 때 물론 그 자연은 인간의 세계를 배경으로 둔다. 인간이 자연에서 나왔고 또 자연으로 돌아간다는 식의 발언은 사실이지만, '인간(성)은 인식의 지표'(푸코)라는 지적을 수용하자면 그 발언은 진실이 아니다. 엄밀히 말해서 인간성이라는 인식의 지표, 혹은 그 쉼 없는 '개입'을 무시한 채로 이루어진 인식은 착오이며, 따라서 세계는 물론이거니와 자연조차 회고적 시선 속에 되짚히는 구성물인 것이다. 그러므로 자연(老子)과 역사(헤겔) 사이의 갈등조차 착시다.

인간들이 주로 점유하고 있는 세계는 '실내화'의 효과다. 자가면역질환에서부터 인공지능에 이르는 인간사의 모든 것들은 대개 이 실내화의 탓/덕인 것이다. 우리는 이 실내화를 근대화니 몇몇 차 산업화니 하는 식으로 명명한다. 엘리아데처럼 자연(nature)을 세속화의 일종으로 보는 것도, 자연이라는 장소를 바로 이 실내화(室內化)의 과정 속에서 물러난 배경으로 이해하기 때문이다. 여자를 '남자가 아닌 것'이라는 오래 묵은 편견 속에 배치한 역사가 있었듯이, 어느새 자연조차도 '실내(근대화)가 아닌 곳'으로 재배치된 셈이다. 그러므로 이 모든 것은 인간의 이야기이며, 인간적 개입에 의해 회고적으로 재구성된 결과다. 우주를 세속화한 게 자연이고, 또 자연을 실내화한 게 세계라고도 하지만, 인식의 지표로서의 인간성을 고려한다면, 우리는 자연이든 우주든 혹은 그 무엇이든, 현대적 인간성이라는 '실내'에서 그 모든 것을 바라보고 있는 것이다.

아무튼 인간의 장소는 점점 세계라는 실내 속으로 옮아왔다. 하이데거의 말처럼 인간은 '세계를 만드는(Welt-bildung)' 존재인 것이다. 이와 비례해서 자연을 향한 낭만적 시선도 늘어왔다. 세계를 만드는 내향적 시선이 자연을 향하게 하는 외향적 태도를 일깨운다. 웰빙(well-being) 따위에서 압축되어 있는 것처럼 자연주의적 삶의 양식은 이처럼 실내화된 도시생활에 대한 반작용의 뜻이 크다. 혹은 니체의 말처럼 '건강의 여신은 신의 죽음 이후에 나타난 가장 분명한 사태'이며, 이는 주로 자연을 도시적 문명과의 대비 속에서 돋을새김한 결과다. 종교신화적 공간으로서의 우주에 대한 영감은 이 아파트-스러운 실내화의 전방위적 확산과 함께 소실되었지만, 다른 한편 불과 반세기 전만 해도 상상할 수 없는 우주-과학기술적 진보는 우주를 인간의 세계 속에 예상치 못한 방식으로 재배치하고 있기도 하다.

　하이데거의 전형적인 지적도 있지만, 인간은 거주(지)를 만들어 그 속에서 살아가는 존재다. 그러나 자신의 윤리를 좇아 자신만의 장소를 가꾸며 살아가는 사람들도 얼마간 있긴 하지만, 대체로 당대의 시세와 경제적 욕망에 얹혀 특정한 공간 속으로 휩쓸려 들어간다. 그래서 내가 '체계와의 창의적인 불화로서의 산책', 그리고 '산책하는 주체로서의 동무'를 말할 때에, 이미 그 동무들은 장소화의 주체이기도 한 셈이다. 오늘(2022/03/08)의 통계치를 보니 한국인 60%의 주거지가 아파트라고 하는데, 우리 시대 욕망의 쏠림을 극명하게 드러내는 꼴이 아닐 수 없다. 현대 한국인에 관한 한 전통과 역사, 그리고 세계가 죄다 아파트의 공간 속으로 압축되었다고 해도 과언이 아니다. 5천 년의 역사에 아무런 전통도 계승하지 않고 있는 이 땅의 세계는 이제 아파트라는 얇은 단층(斷層/單層)인 것이다. 하지만 학인이라면 체계의 공간 속에 편입되고 그 위계 속에서 승진되는 것이 아니라 자신만의 세계를 가꾸며 만들어가는 노력을 해야 한다. 물론 그 세계-만들기의 기본은 '장소화'이고, 각자의 윤리적 선택에 의해 조형되는 세계는 곧 자연과 우주를 향해 열려있어야 한다.

비장한 희생정신과 가부장적 정신으로

이광수는 조선 최초의 현대 작가이며 지금도 제1인자이다 … 이광수는 톨스토이주
의자로, 비장한 희생정신과 가부장적 정신으로 충만해 있다 … 조선의 톨스토이 심
취자들 가운데 다수가 테러리스트가 되었다. 그것은 톨스토이의 철학이 결코 해결될
수 없는 모순들로 가득 차 있고, 그러므로 해결책을 구하려는 맹목적인 노력 속에서
직접적인 행동과 투쟁으로 나아갈 필연성을 가지고 있기 때문이다.

김산. 님 웨일즈 『아리랑』

고귀한 희생정신이 답답한 가부장적 정신의 결과물이라면 어떨까? 사
랑의 한구석은 언제나 성욕의 얼굴을 하고 있다면 어떨까? 우리 사회의
여러 명사들에게서 두드러지게 드러나듯이, 싸가지 없고 뻔뻔한 기력의
힘으로 진보나 해방의 물결에 합류한다면 어떨까? 자비와 보시(普施)가
허무의 자기(自棄)와 더불어 생겼다면 어떨까? '성실(Wahrhafttigkeit)과
도덕이 니힐리즘을 숨기고 있다면'(니체), '문화적 합리성이 역시 허무를
숨기고 있다면'(막스 베버) 어떨까?

희망이 결국 네 못난 존재의 그림자에 불과했다면 어떨까? '호의는 총알보다 빠르게 죽인다(Favors kill faster than a bullet)'고 하듯이 그 선의와 베풂이 악마의 변덕이었다면 어떨까?

교산蛟山과 연암燕巖

　시인 교산은 혀를 내두를 정도의 천재적인 기억력으로 주변을 놀래켰지만, 산문가 연암은 멍한 순간이 잦았고 부족한 기억력을 적바림으로 보완했다. 교산의 꿈은 '없는 나라'(율도국)를 향해 낭만적으로 뻗어나갔고 연암의 꿈은 '이웃 나라'(淸)를 매개적으로 이용하고자 하였다. 그래서 교산은 상상적 혁명가가 되었지만 연암은 줄곧 상징적 (재)설계자로 남았다. 교산은 혁명의 상상 속에서 목민관(牧民官)으로서는 게을렀지만 연암은 설계의 현실 속에서 자유를 추구했다. 그래서 이런 평이 남아 있다.

　'연암이 고을 원으로 근무하는 방식은 그 의도를 짐작할 수 없습니다. 한편으로는 후임자에게 넘겨줄 문서를 정리하면서도 다른 한편으로는 나무와 과실을 심고 있으니 나로서는 도저히 알 수 없는 일입니다.'

　교산은 성급하고 경망스러웠지만 연암은 노회하고 주도(周到)했다. 교

산은 그 스스로 '시대의 서자(庶子)'가 되어 분노 속에 살았지만, 연암은
현실 속의 서자들과 더불어 유유자적하였다.

고은을, 다시 김수영은 뭐라고 말했을까?

그중에서도 고은을 제일 사랑한다. 부디 공부 좀 해라. 그리고 나서 지금의 발랄하고 반짝이는 이미지와 축복받은 독기(毒氣)가 죽지 않을 때 한국의 장 쥬네가 될 수 있다.

김수영

구설에 휘말린 지인이 문중자(文中子) 왕통(王通, 582~616)에게 찾아가 조언을 구했다. 그 지인이 '비방을 멈추게 할 길'을 묻자, '스스로를 닦는 길만 한 게 없지요(止謗莫如自修)'라고 답했다. 여전히 초조한 심사를 제어하지 못한 지인이 더 구체적인 묘안을 캐자, '변명하지 않는 것(無辨)'이라고 했다. 문중자의 조언이 아니더라도, 이미 장 주네가 부럽지 않을 고은에게는 무변(無辨)과 자수(自修)의 깊은 우물 속에서 오직 새로운 문학의 개창으로만 말해야 할 것을 주문하지 않을까? "부디 공부 좀 해라!"던 김수영이라면?

죽임의 윤리

The killing of animals is not taken lightly and is never done without asking for forgivenness and with much prayer. 'Those animals which I use for riding and loading / Which have been killed for me / All those whose meat I have taken / May they attain the state of Buddhahood very soon.'

동물을 죽이는 일을 결코 가벼이 행해서는 안 된다. 반드시 용서를 구하고 많은 기도와 함께 행해져야 한다. '내가 타거나 짐을 싣기 위해 사용하는 저 짐승들 / 나를 위해 도살당하는 짐승들 / 그간 내가 먹어온 그 짐승의 고기 / 조만간 성불의 상태에 이를 수 있기를!'

Helena Norberg-Hodge, 『Ancient Futures』

강원 화천산천어축제가 글로벌 축제의 명성에 걸맞게 연일 흥행몰이를 하며 대박행진을 이어가고 있다. 지난 5일 개막 첫날 방문객은 14만3869명으로, 외국인은 7173명이 축제장을 찾았다. 이는 지난해 개막일 13만3480명 관광객 수보다 1만389명 많은 수준이다. 개막 이틀째인 6일에도 주최 측 잠정 집계 12만 명이 찾은 것으로 나타나 주말 이틀간 총 26만3800여 명이 몰려 북새통을 이뤘다.

화천=뉴시스, 한윤식 기자

존재는 타자를 죽이지 않고선 살아갈 수 없다. 채식(菜食)조차 죽임이며, 어떤 보행조차, 어떤 호흡조차 죽임인 셈이다. 삶을 위해 죽이지 않을 방도가 있다면 윤리가 필요 없을 것이지만, 그렇지 못하기에 '윤리'가 발생한다. 음식으로 장난치는 것도 도리가 아니지만, 더더욱 생명으로써 장난을 치는 것은 수십억 년의 진화가 증명하는 악(惡)의 태동이다. 죽임은 현명하게 가려야 하며, 고통이 적도록 빠르고 간결해야 한다. 죽이면 반드시 다 먹어야 하는 것이다.

빨갱이 콤플렉스와 쪽바리 콤플렉스

일본은 1965년 박정희 정권이 체결한 한일조약과 2015년 박근혜 정권이 맺은 일본군 성노예 합의를 최근 경제보복의 근거로 삼고 있으며 둘 다 민족 양심을 팔아먹는 데 서슴지 않는 친일 반민족 권력이었다.

김원웅, 『시사플러스』, 2018.08.29

오늘날 일제에 대한 협력과 북한 정권에 대한 협력 중에서 더 중대한 과오는 어느 쪽일까요? 당연히 후자입니다.

주익종, '친일 청산이라는 사기극', 『반일 종족주의』

이 작고 시끄러운 나라의 문제는 무엇일까? 주변의 어느 한 나라(북한, 일본, 중국, 러시아 등)와도 역사적 신뢰나 정서적 교감을 이루고 있지 못한 이 나라는 어디로 향하고 있는 것일까? '상처는 어리석음'이라는 명제를 표본적으로 증명하고 있는 이 반도 국가의 운명은 무엇일까? 자기 속의 빨갱이와 자기 속의 쪽바리를, 그 개입을, 그 구성적 관여를, 그 총체적인 책임을 자기화하지 못하는 이 무능력은 어디에서 나오는 것일까?

우리 아빠가 누군 줄 알아?

속물 사회는 업적 지향성을 소속 지향성으로 바꿔놓은 사회다.

아비샤이 마갈릿, 『품위 있는 사회』

한국 사회에 대한 내 평가는 박한 편이다. 일부 독자들은 그런 편향에 저항을 느낄 법도 하다. 그것은 내가 철학자-인문학자로서 내 나름의 생활양식을 내세우며 살고자 애쓰기 때문일 게다. 가령 그들의 언어로 그들의 생활에 비교적 깊이 접근할 수 있는 나는 '이제사 일본을 따라 잡았다'거나 '우리는 트럼프 시대를 거치면서 마침내 미국을 넘어섰다'는 따위의 말을 믿지 않는다. '넘어섰다'는 이 신화의 주체를 나는 한마디로 졸부와 속물이라고 여기며, 이들의 부푼 합창에 전혀 동의하지 않는다. 토의 없이 결론만 다시 거칠게 반복하면, 내가 보는 우리 사회의 요체는 졸부와 속물의 공간이다. 그리고 못난 재주로 긴 세월 몇몇 후학들을 모아 공부에 애쓰는 이유도, 역설적이지만 바로 이 평가 자체가 무화(無化)

되는 작은 장소를 만들고 다른 희망의 가능성을 등재해 보려는 데 있다.

졸급한 성취의 과정에서는 졸부라는 현상을 피할 길 없다. 한국은 무능과 부패의 고리 속에서 식민지로 몰락했고, 전통과 역사를 망실한 채 좌우의 극심한 갈등을 겪어내면서도 재바른 경제입국을 이루었다. 한강의 기적이니 아시아의 용(龍)을 말하고, 삼성이니 뭐니 말한다. 그러나 낙동강은 이미 썩은 오물을 이루었고, 다산(茶山)을 한 권 읽을 수 있는 이들은 눈을 씻고 봐도 찾기 어렵다. 그 사이에 주식으로, 부동산으로, 그리고 갖은 볼거리를 향해서 똥파리 같은 대열을 이룬다. 졸부가 곧 속물로 이어지는 이유는 간단히 말해 '내적 공허함' 탓이다. 『소학(小學)』이 말하듯, 중심(中心)과 안색(顔色)은 서로 융통할 수밖에 없지만, 졸부란 말하자면 제 안색조차 건사할 수 있는 중심이 없는 것이다.

한때 귀족이나 양반이라는 신분제의 소속이 나름의 전통과 교양과 솜씨로 견결히 무장했다는 사실은 잘 알려져 있다. 괴테든 토크빌이든 혹은 러셀(B. Russell)을 통해서든, 서양의 귀족계층이 자신들의 권위와 문화를 위해 바친 지적-문화적 노동에 대해서는 어렵지 않게 찾아볼 수 있다. 이들의 신분과 소속이 기득(旣得)의 것으로 정해져 있긴 했지만 그것은 그 나름의 '성취'에 터해 있었던 것이다. 긍정적 의미의 귀족/양반은 이처럼 소속과 업적이 긴장된 평형(dynamic equilibrium)을 유지한다. 그러나 '우리 아빠가 누군 줄 알아?'의 경우에는 소속(우리 아빠)과 업적(나)이 분열된 채 서로 소외된다. 나 역시 그 아빠가 누구신지 알지 못하지만, 이 글의 논지에 대입시키자면, 그 아빠는 졸부이며, 그 졸부를 (사회적으로) 내세울 수 있게 된 그 딸은 속물이 되는 것이다.

속물이란, 자신의 명예와 가치를 자신의 솜씨와 권위로써 증명하는 데 완벽히 무능하고, 자신이 사적으로 소속된 기득(旣得)의 세력에 의지하려는 태도를 말한다.

의사란 무엇일까?

수술실에서 마취된 여성 환자들의 주요 부위를 만지며 성추행한 혐의를 받는 대형병원 전직 인턴이 재판에 넘겨진 것으로 파악됐다. 산부인과에서 의사 수련을 받았던 이 인턴은 여성 환자를 만지고 싶어 수술실에 더 있겠다고 밝히기도 한 것으로 전해졌다. 여성 간호사들에게도 성희롱 발언을 일삼았다.

"좀 더 만지고 싶으니 수술실에 있겠다"

서울 송파경찰서는 17일 서울아산병원 산부인과 인턴이었던 A씨를 강제추행과 유사강간 혐의로 기소의견으로 지난 2월 검찰에 송치했다고 밝혔다. 서울동부지검은 지난달 A씨를 기소한 것으로 알려졌다. 청와대 국민청원과 병원 징계위원회 기록에 따르면 A씨는 2019년 4월 이 병원 산부인과에서 인턴으로 일하면서 마취된 상태에서 수술대기하고 있는 환자의 회음부 등 신체 주요 부위를 반복적으로 만진 의혹을 받았다. A씨는 전공의의 만류에도 행위를 멈추지 않았다.

A씨는 특히 "처녀막도 볼 수 있느냐", "좀 더 만지고 싶으니 수술실에 있겠다" 등의 발언을 한 것으로 전해졌다. A씨는 조사과정에서 "신기하고 관찰을 위해 만졌다"고 진술했다. 그는 여성 간호사들에게도 남성의 주요 부위를 언급하며 성희롱한 것으로도 알려졌다.

서울신문, 2021.06.18

내게 있는 나쁜 버릇은 '선생'이라는 호칭에 맥없이 동일시하는 것이다. 오래전 어느 날 서울의 번화한 도심을 걷는 중에, 등 뒤에서 들려온 '선생님!'이라는 말에 더뻑 사위를 눈으로 더듬다가, 문득, 내 무의식의 한 자락을 적발해서 계면쩍게 되감춘 적이 있었다. 그리고 나는 스스로 잠시 한탄하였다. '왜 내가 선생의 자의식에 얹혀 있단 말인가?' 공부의 시작은 그 자의식의 내용을 매번 다시 한번 비우는 데 있지 않은가?

의사의 자의식이란 게 있다면, 그것이 그의 무의식과 접속하는 자리의 풍경은 어떠할까? 당연히, 의사의 직업상의 특징/특권은 사회적, 정치적, 혹은 경제적인 것이기도 하다. (나도 언젠가 한 잡지에 글을 연재하는 중에 겪기도 했지만, 그래서 계층으로서의 의사들을 건드리는 게 아직은 쉽지 않다.) 하지만 내가 그들의 자의식이 침윤된 곳으로 주목하는 것은 오히려 환자의 '인격(권)'이 범람하거나 침해되는 영역에 개입하는 방식이다. 무릇 인격이란, '가정은 성역(聖域)'이라는 형식으로 스스로를 추스르는데, 의사들은 그 직업기능적 특성에 의해서 인격이라는 성역을 손쉽게 넘볼 수 있게 되고, 이로써 사람(환자)을 대하는 그 무의식이 규정되는 것이다. 의사의 자의식이란, 바로 이 무의식에 훈습(薰習)된 태도와 경향성에 다름 아니다. 다만 이 글 속에서의 인격(권)이란, 자기 '육체의 주체적 사밀성(corporeal privateness of the subject)'과 관련된 것이다.

A씨는 이렇게 말한다. '좀 더 만지고 싶으니 수술실에 있겠다'. 여기에서 낡은 상식의 층을 뒤엎고 마땅히 주목해야 할 말이 바로 '수술실'이다. 가령 그는 다음과 같이 말하지 않는다. '좀 더 만지고 싶으니 지하실로 가겠다' 거나, '좀 더 만지고 싶으니 모텔로 가겠다' 거나 혹은 '좀 더 만지고 싶으니 룸살롱으로 가겠다', 등등.

A는 사적 쾌락을 위해, 아니, 정확히 말하자면, 아무런 비용을 지불하지 않을 뿐 아니라 (라캉의 말처럼) 합법성의 언저리에서 덤으로 용솟음치고 있는 종류의 쾌락을 위해 관습화된 발화를 내뱉고 있는 것이다. 다시, 대개 우리는 다음과 같이 말하지 않는다는 점에 유의해 보자. '좀 더 만지고 싶으니 강의실로 가겠다' 거나 '좀 더 만지고 싶으니 편의점에 있겠다' 거나 혹은 '좀 더 만지고 싶으니 대웅전에 가겠다', 등등.

A씨들이 '환자'라고 부르는 우리들로서는 수술실이 이미/언제나 어떤 곳으로 변하였는지 정확히 체감하기가 어렵다. 심지어 그곳의 주인으로 군림하는 A씨들조차 그 자리의 현실을 통새미로, 메타적으로, 혹은 자기 성찰적으로 알아채기는 쉽지 않다. 그들도 그 존재론적 개입이나 의존을 모른 채—혹은 외려 그 무지 속에서야—그 쾌락에 휘말려 들어가 있기 때문이다. 물론 이 개입/의존이 A씨들만의 것은 아니다. (불과 얼마 전만 해도 친부의 성폭행은 아예 없었고, 의사들의 성추행도 아예 없었다는, 그 '더러운 사실'에 유의한다면) 그 사이 환자-일반의 비평적 감수성

은 자라고 있었고, 그 음성은 지금도 수술실이라는 전문가적 전횡의 공간을 뚫어내고 있는 중이다. 이로써 이곳을 살아내고 있는 이들의 자의식도 조금씩 변화할 것이다.

전문성의 이데올로기가 효과적으로 차폐하고 있긴 해도, 사실 수술실은 그 행위형식의 한 갈래 속에서 성적 침해/학대의 끝판을 완전히 닮았다. 가령 바타이유 등이 묘사하고 있는 성행위의 본질은 일종의 '수술'이기 때문이다. 그러나 이런 벡터적 방향을 띤 수술은 폭력적 범죄이지만, 수술실 속에서 부대 현상으로 드러나는 성행위로서의 수술은 합법적이며, 고귀하고, 전문성의 성채에 의해 보호된다. 프로이트의 낡은 지적처럼 폭력이 가장 손쉽게 제 모습을 드러내는 곳이 성행위 속이라는 사실, 그리고 그 모든 행위의 강도(强度)가 높아지면서 마침내 도달하는 곳이 성행위적이라는 사실 등은 이미 상식적인 진술이다. 그러니까, 수술실이란 워낙 이처럼 예상치 못한, 혹은 대면하기 싫은 의미에서 '위험한' 곳이다. 그곳은 생명과 육체를 저당 잡은 전문성의 이데올로기가 언제나 성적 침해의 현실을 가리고 있기 때문이다.

이 글이 주목하는 것은 A씨들의 자의식이 그 무의식과 합체를 이루면서 공고해지는 지점이다. 인용한 기사 속의 A씨는 단번에 도드라진 사례가 되었지만, 문제는 오히려 수많은 A씨들, 정확히는 의사 일반의 일상이 젖어있는 그림자 속에서 찾아져야 한다. 우선 이 일상이 전문성의 이데올로기라는 자물쇠에 의해 은폐되어 있(었)다는 사실에 주목해야 한다. 그 은폐 속에서 그 자의식과 무의식이 함께 어울리고 있는 내용은 무엇일까? 남의 몸을 (오히려 돈을 받고) 만질 수 있는 특권은, 한 개인의 태도와 그 의식에 무엇이 되어 남아 있을까? 남의 몸을 보고 만질 수 있는 권한은 대체로 세 가지 경로로 생기는데, 구애와 혼인 등의 문화제도적(증여) 방식, 성매매(교환), 그리고 의사나 안마사 등과 같이 기능적 전문성이 정한 바에 의한 방식 등이 있다. 물론 구애와 혼인의 제도는 실제 증여의 시늉을 내보일 뿐이며, 성매매는 아예 인정하지 않거나 이중의 잣대를 들이대는 나라들이 많고, 당연히 수탈(강간)은 권한이랄 수도 없는 범죄로 분류된다.

그러니까 A씨들을 포함한 의사들이 남의 몸을 보고 만질 수 있는 권한을 얻은 것은, 인류사에 항용 있어왔던 증여, 교환, 그리고 수탈의 방식과는 완전히 다른 종류의 것이다. 비록 그 방식이 제도화되었고, 생명이데올로기로 무장한 의사들의 전문성은 준(準)불가침의 것으로 군림하고 있으며, 또 건강의 여신이 그 모든 잡신들을 다 내몰아낸 도시 자본주의 속의 현실이라고 해도, 이러한 봄-만짐에 대한 저항이 없는 것은 아니다. 새로운 소통망의 혁신, 새로운 개인주의의 파급, 그리고 새로운 시장주의의 여건 등속에 의해 집체주의적이며 전통주의적 관례들은 무너지고 1

차적 계몽성의 첨병이었던 전문주의적 이데올로기도 조금씩은 해체되고 있다. 이에 조응하듯 의사들의 항변과 엄살조차 드물지 않게 되었다. 그러나 문제는 의사들의 대타적/사회적 자의식이 구성되는 방식이 남의 몸을 보고 만질 수 있는 권한, 기회들, 그리고 그 같은 경험의 이력과 어떻게 관련되어 있는가를 밝히는 데 있다. 남의 몸을 보고 만질 수 있는 권한의 가치는, 기묘하게도 극단적인 빈익빈 부익부의 현실이 지배하고 있다. 의사 등의 전문가의 영역에서는 '수술실 CCTV 설치건'에서 보듯이 여전히 기울어진 권력장 속에서 소비자(환자)들의 참견권이나 비평권이 소외되어 있고, 그 밖의 영역에서는 죄다 육체의 성애화가 극심해서 성행위의 기회나 성범죄의 계기가 공기 속의 바이러스처럼 지나치게 상상화되어 있는 것이다. 문제는 안팎에서 진행되어야 할 적절한 비평이다. 그리고 그 비평의 밑절미에는, '타인의 몸을 보고 만지면서도 돈을 벌 수 있는 행위'의 상습화가 A씨와 같은 의사들의 자의식을 어떻게 구성하고 있는지를 세세히 밝혀보는 새로운 시선이 작동해야만 하는 것이다.

맹점盲點, 혹은 일본

그들은 왜 끝내 곧추서서 울지 못했나? 그것을 그들의 개인적인 책임에만 돌리는 것 너무나 옅은 일이다. 정말 책임은 민중 자신이 지지 않으면 아니 된다 … 육당과 춘원의 생애는 하나님의 민족에 대한 심판이다. 그러므로 민중은 자기 가운데 서는 인물에서 자기 상을 읽어내며 반성해야 할 것이다.

함석헌, '육당과 춘원의 밤은 가고', 『신태양』(1958)

현대 서양철학의 중요한 속성을 일러 반토대주의(anti-foundationalism)라고 한다. 그 이전의 철학사가 토대주의로 일괄한 데 대한 일종의 대구(對句)인 셈이다. 이러한 배치에 조응해서 평가하자면 철학적 사유의 토대(Fundament)가 되었던 것들은 2가지로 대별할 수 있다. 대략 나누면, 하나는 안에 있고 나머지 하나는 밖에 있다(고 여겨진다). 플라톤에서 유래하는 이데아(ιδεα)가 후자의 효시라면, 데카르트의 『방법서설』 속에서 명료하게 제시되는 인식(perceptio)은 전자의 대표격으로서 이른바 근대적 인식론의 밑돌이 된다.

이런 철학적 건축의 토대는 이른바 '니체의 망치'를 거쳐 20세기에 들어서면서 차츰 허물어지기 시작했고, 이른바 '포스트모던' 계열의 사상은 일종의 철거주의적 상상력에 의해 지배되었다. 진리와 의미와 가치의 밑돌을 안팎에서 부식(腐食)하고 해체하는 방식은 여럿이다. 예를 들어 개념적 범주 오류의 위험을 무릅쓰고 적용해서 이를 동아시아 사상의 천지인(天地人), 혹은 시간-공간-인간의 틀로 치환해보면 몹시 흥미롭다. 필경은 시간, 공간, 그리고 인간이라는 매개를 통해 이미/늘 개입하고 있는 타자라는 인자(因子)가 전통 철학의 토대주의적 상상을 허물고 있을 것이기 때문이다. 이 경우에 타자(들)는 인식과 이해의 맹점(盲點)으로 기능하게 된다.

사람의 인식은 세상 끝날까지 필경 '사람의 것'에 지나지 않는다. 이는 사소하게 들릴 수 있지만 극히 중요한 사실이며, 실은 인간의 지혜가 싹트는 자리가 바로 여기다. 그러므로 사람이라는 그 삶의 자리(三才)에 인식이 먹혀 있을 것은 외려 당연하다. 신란(親鸞)의 말처럼 "세계는 제 자신을 통하지 않고는 볼 수가 없는 것(世界は自分を通してしか見ることができない)"[1]이다. 그리고 바로 이, '먹혀 있는' 형식을 일러 맹점이라고 하는 것이다. 이 맹점이 생기는 갈래와 형식은 매우 다

---

1) 『親鸞, 100の言葉』, 釈 徹宗 監修(宝島社, 2017), p.123.

양하고 심지어 개인마다 다를 수도 있지만, 앞서 지적한 대로 시간-공간-인간이라는 매개를 통해 가장 흔하게 구성된다. 가령 시간의 맹점에 저항하고자 한 이론적인 탐색의 사례를 들자면 이른바 가다머의 '영향사(Wirkungsgeschichte)'로부터 데리다의 차연(différance)에 이르기까지 무수히 많다. 그러나 이 글에서는 공간적인 맹점, 특히 일본이라는 이웃나라가 우리 한국인들의 역사사회적 인식에 드리우고 있는 그림자에 관해서 잠시 들여다보고자 한다.

내가 살고 있는 이곳 밀양에도 4월이면 강변로를 따라 (찔레꽃! 아니) 벚꽃이 적지 않게 핀다. 불과 10만의 이 소도시에서도 상춘객들의 벚꽃 상화(賞花)를 어디에서나 볼 수 있다. 내 거처에 이르는 전장 1km의 천변 도로도 왼통 벚꽃 일색인데, 천(川)과 강(江)은 발도 담글 수 없을 만치 더럽지만, 꽃이야 어디에서 오는지, 철 따라 천상의 선물인 듯 화사하고 이쁘다. 벚꽃 무렵에 손님이 오면 나는 굳이 우회로인 이쪽을 택해 귀가하면서 꽃접대(?)를 하는 것이다. 그러니 꽃이야 무슨 죄가 있으랴, 이제 이 '사꾸라꽃(桜花)'도 삼천리 금수강산에서 어엿한 봄의 맹주(盟主)로 군림하고 있는 셈이다.

그런데 불과 10년 전만 해도 벚꽃은 우선 '사꾸라(꽃)'이었으며, 일본의 것이었다. 아니, 내 세대의 용어로 고쳐 말하자면 '왜놈의 꽃'이라고 해야 할 것이다. (하지만 물론 이 사꾸라는 일본의 국화가 아니며, 일본에는 정해진 국화가 없다.) 오죽했으면 내 기억이 닿는 오래전까지 '사꾸라(桜)'라는 말(발음)은 일본의 대명사로 쓰이는 한편 '사이비'라거나 '가짜'라는 뜻으로 통칭되곤 하였을까. 오랜 역사를 지닌 진해(鎭海)의 '군항제'도 실질적으로는 꽃구경(花見)이긴 하지만, 그 행사의 면면층층에는 그 꽃의 실체를 드러내면서도 감추는 이중적인 낯가림이 있었다. 벚꽃은 겨우 살려냈으면서도 사꾸라(桜)는 여전히 죽여야 하는 종류의 이중성 속에 가깝고도 먼 나라 일본이 우리 한국인들의 역사사회적 인식에 드리운 맹점의 형식이 숨어 있는 것이다.

맹점은 결국 자기 자신을 구제하기 위한 미봉책일 수밖에 없다. 일제 지배하의 이광수는 그 빛나는 문재(文才)를 훼절하고 "제 몸을 팔아서 아버지의 고난을 면케 하려는 심청의 심경밖에 있을 것이 없었다"(『나의 고백』)고 변명하면서 제 양심의 한 축을 어둡게 감싼다. 필경 곱추라도 나중에는 그 왜곡된 몸의 형식에 의탁해서 살 수밖에 없는 때와 여건을 접하게 되는 것이다. '곱추'라고 했듯이, 이런 식으로 인식의 맹점은 대개 어떤 상처나 억압이나 트라우마를 통해서 생성되고 이윽고 굳어간다. 물론 이광수는 특별한 개인이고, 그에게서 드러나는 단순히 자구적 친일(自救的 親日) 이상의 과도한 확신에는 "한편으로는 기이하게 감동적인

면"²⁾조차 있다고 하더라도, 일제시대를 근근이 지내왔던 수많은 유사 이
광수들은 자신의 내적 고백을 변명으로 도색하는 맹점을 갖추고 있었던
것이다. 문제는, 일제(日帝)가 물러가고 이광수들이 죽은 지 몇 세대가
지난 지금, 여전히 일제에 도착적으로 기생하며 살아가는 이들에게서 발
견되는 맹점이다.

나는 채 학령기에 들기도 전에 『만화 유관순』을 본 다음 분격한 나머
지 '왜간장'을 먹지 않겠다고 선언하고 어머니의 승인(!)을 얻었다. 왜군
을 도륙한 이순신 장군을 성웅(聖雄)으로 모신 나라에 살아왔고, 왜놈을
척살(擲殺)한 안중근과 김원봉, 그리고 한 수 위의 지혜와 담략으로 왜
인을 희롱할 수 있었던 여운형은 내 젊은 날의 영웅들이었다. 그리고
이 영웅들의 그림자 속에서 일본이라는 실체는 차츰 멀어지고 있었다. 나
는 채 20세가 되기 전에 일본어를 익혀 서서히 책—내가 처음으로 완독
한 일어본은 신약성서였다!—을 읽곤 하였지만, 돌이켜 보면 그 독서의
경험조차 역사적 애증(愛憎)의 맹점에 먹혀 있었다. '애증을 끊으면 단박
에 명백해진다(但莫憎愛洞然明白)'(『信心銘』)고 하였건만, 그 누구에게
나 가장 손쉬운 정념인 애증의 늪에 허덕이면서 자기 자신의 여건과 이
웃조차 제대로 파악하거나 응대하지 못하게 되는 것이다. 마찬가지로, 일

---

2) 서영채, 『아첨의 영웅주의: 최남선과 이광수』(소명출판, 2012), 106쪽.

본이라는 이웃은 나 자신을 키우고 바꾸기 위한 타자가 아니라, 어느새 우리의 믿음을 지키고 우리의 욕망을 강화하려는 억압된 맹점으로 기능하게 된 것이다.

인식론적 '맹점'이야 익숙한 용어이긴 해도, 내가 실제 이 개념에 대해 깊이 숙고하게 된 계기는 2014년 봄에 한 달 남짓의 기간 동안 일본에 체류하게 되면서부터다. 이미 다른 글에서도 밝힌 바가 있지만, 이 체류는 피해자의 시선 속에서 이데올로기화된 정치적 일본이 아니라 내 생활의 혈관 속에 접속되어 온 일본 사회의 일상을 처음으로 생생히 체험하게 된 기회였다. 김구나 이봉창, 유관순이나 안중근 등에 의한 상상력에 차폐되어왔던 내 시각과 이해가 일순에 깨어나는 순간이었다. 나는 내 생활의 버릇이 된 대로, 관광의 장소(hot-spot)로 이름난 곳을 일체 피하고 일본인의 일상이 배어있고 드러나는 곳들만을 찾아다녔는데, 수일간이나 내 마음으로부터 솟아오르는 외마디의 외침은 '속았다!'였다. 그것은 오래 물림된 이데올로기적 상상으로부터 한 발을 내딛는 순간의 외침이었다.

인간들은 누구나 많건 적건 간에 속고 살아간다. 갖은 종류와 성격의 거짓말이 활개를 치는 세속이다. '가짜-뉴스'라는 것마저 번연히 돌아다니는 판국이니 전통적인 공신력에서조차 이미 금이 간 지 오래되었다. (물론 무능한 왕조 정부의 내리받이길, 근 40년에 이르는 피식민 지배, 그리고 지난했던 독재의 경험 등으로 이어지면서 공공성이나 공신력은 진작 신망을 잃었던 게 이 모든 현상의 배후에 있다.) 심지어, 여기에서 다시 거론할 필요조차 없지만, 언어의 발생과 거짓말의 능력을 내재적으로 잇는 논의조차 드물지 않으며, 인간 의식의 자기 초월성의 일부를 '거짓말하기(왜곡시키기)'의 능력과 결부시키기도 한다. 정녕 인간은 능수능란하게 거짓말할 수 있는 존재인 것이다. 하지만 널리 인정하듯이, 이 글의 논점인 '맹점(blinder Fleck)'과 관련해서 인간의 거짓말에 새로운 차원이 들어서게 된 것은 만하임(K. Mannhein)이 지적한 바대로 '허위의식의 보편성'에서 찾을 수 있다. 인간은—뻔뻔스럽게도 보편적(!)으로—거짓말의 바닷속에서 거짓말의 물을 마시면서 거짓말처럼 잘 살아갈 수 있다는 것이다.

일본 사회와 일본인들이 '달리' 보이게 된 일은 곧 나 자신이 달라진 것과 관련될 수밖에 없다. 무엇보다 한국인으로서 나 자신이 개입한 그 현상을 '거짓말'로 자각한 것이니, 이는 곧 나로서는 작은 해방의 체험이 아닐 수 없다. (그러므로 어쩌면 피해자는 그 가해로부터 두 번 해방되어야 하는지도 모른다.) 일본과의 역사에서 상처받은 우리는 그 상처의 기억 속에 앎의 맹점을 온존시키면서 부지불식간에 이를 일종의 자기방호의 이데올로기로 오용하고 있다. 현실을 부여잡고 있는 이 맹점이 굳어지도록 방치하면 이 맹점은 어느새 실재가 되고 말 것이다.

商売って

장사치들의 꼴은 정치인들보다 더 착잡하게 해서, 그 자업자득이 차마 우스꽝스럽다. 이는 우선 정치보다 장사가 더 귀하기 때문이다. 일본을 넘어섰느니, 미국을 따라잡았느니, 꼴사나운 단견을 앞세우지만, 그 반증(反證)은 거리마다 넘쳐나는 음식점들의 비장소성(placelessness)과 몰상식이다. '2인 이상 주문'이라는 소식조차 마땅히 부끄러워해야 할 것이다. 기어이 돈을 벌려고 하더라도, 손님과 함께 죽겠다는 마음이 그 첫 단서이니, 상인의 뜻은 손님을 살피고 그 사정에 응해서 필경 자신의 이익을 구하려는 조심스런 우회(迂廻)이기 때문이다. 그중에서도 '단체환영'은, 그야말로 후안무치에 자가당착일 것인데, 그 생심이야 물론 '돈을 많이 주시면 좋아요!'에 지나지 않으므로, 이는 도리도 예의도 상술도 아무것도 아닌, 완벽한 어리석음의 벌건 깃발이다.

장사를 하자면 우선 내게 와서, 적어도 3개월간 인간이란 무엇인가, 환대란 어떤 일인가, 그리고 장사의 이치 등에 관해서 야무지게 배우라. 그러면 망하더라도 흥하더라도 그 마음에 이 시대의 잡념은 없을 것.

박정희의 경우

사회가 소명 없는 직업정치가의 손에 들어가선 안 된다.

막스 베버

직업이 소명(召命)이었던 시대가 있었다. 그러나 운명처럼 품수(稟受)된 직업은 이미 직업이라고 할 수 없을 것이며 당연히 그 이상이거나 이하의 무엇이다. 직업은 이해(interest)에 터를 두지만, 운명의 세계는 어리석음이든 예지(叡智)든 속 깊은 열정(passion)을 피할 수 없기 때문이다. 물론 자본제적 직업을 초월적 소명의 그늘 아래 재배치할 수 있었던 것은 개신교의 독특함이었다. 정치지도자의 '소명(Beruf)'을 강조하는 베버(M. Weber)의 음성은 이런 재배치의 사회학적 구도 속에서 쉽게 이해할 수 있다. 그에 의하면, 신은 다만 노동을 원하는 게 아니라 정해진 직업 속의 합리적인 노동을 원하는 것이다.

박정희(1917~1979)는 최소한 전두환이나 이명박이나 박근혜 등과는 비견될 수 없는 존재다. 마찬가지로 이런 박정희라면, 베버가 직업정치가로 분류하지는 않았을 것이다. 박은 이윽고 암둔한 길로 미끄러지긴 하였지만, 그는 '민족중흥'이라는 '자기기만(mauvaise foi)'(사르트르)의 허위의식에 제 나름대로 진력하였고, 그 과정에서 일정한 성과를 이루었다. '내 일생 조국과 민족을 위하여'라는 등속의 슬로건과 동일시할 수 있었던 그는 그런 뜻에서 '소명을 지닌 지도자'의 일종이다. 물론 히틀러나 오사마 빈 라덴도 소명 어린 지도자이며, 예수나 간디도 소명의 영감에 이끌려 움직였다. 소명 의식이나 열정이 그 자체로 증명할 수 있는 것이 극히 적다는 사실은, 내가 다른 글에서 '집중'을 벡터적/총체적으로 이해해야 한다고 한 것과 그 이치의 궤를 같이한다. 그러나 정치지도자와 소명의 관계는 무엇일까, 혹은 무엇이어야 할까.

소명은 그 기원이 애매할 수밖에 없는 일종의 자생적 열정이다. 남들이 의심하고 박해할수록 외려 눈치 없이 깊어간다. 게다가 열정을 대개 자의적으로 해석해서 얻은 삶의 태도이므로, 근대적 관계의 바탕이 되는 직업 선택의 영역으로부터 스스로를 소외시킨다. 소명은 그 소명에 스며든 열정에 의해 자신을 증명해야 하는 부조리의 도돌이표와 같은 것이며, 따라서 소명은 늘 사후적으로 되먹임되는 과정의 결과가 된다. 게다가 '민족중흥의 역사적 소명'과 같은 열정은 이미 속 깊은 권력의 효과일 수밖에 없다. 그렇기 때문에 대개의 소명은 카리스마(charisma)에 조응하는 환상일 경우가 많다. 물론 환상이 반드시 현실을 소외시키지도 않으며, 현실의 존재(Sein)가 환상의 당위(Sollen)와 별개로 굴러가는 것도 아니다. 바로 여기에서 예수의 자의식을 묻는 신학적 궁지가 박정희의 소명 의식을 캐려는 정치심리적 호기심 속에서 반복된다. 카리스마의 유래가 이미 깊은 어둠 속에 묻혀 있다면 대체 어떤 방식으로 소명의 실체를 구제할 수 있을 것인가?

박정희의 독재는 나르시시즘적 열정이 마침내 카리스마의 환상을 얻으면서 가능해진 '소명'과 연루되어 있을 법하다. 카리스마적 소명의 열정과 힘은 그 속성상 일방적, 심지어 강압적인데, 그 독재의 동학(動學)은 그 사실과 무관하게 이런 식으로도 설명될 수 있다. 박정희가 전두환-노태우-이명박-박근혜 등과 다른 이유는, '직업에 대한 어떤 태도와 성취 속에는 운명이 있다'고 믿은, 이른바 '잘못 놓여진 확신(misplaced convictions)'에 의한 성공담 속에서 찾을 수 있을 것이다. 베버의 말처럼 '소명 없는 직업정치가'는 19세기와 같은 변화와 열정의 시대에 필경 따분하게 보였을 법하다. 그러나 박정희와 같이 오도된 확신과 소명의 정치가는 사회적 합리화와 개인주의의 시대에 접어들면서 돌이킬 수 없이 위험해지는 법이다.

TK란 무엇인가 1 : 문벌門閥 무의식과
고전 교양의 노스탤지어

1. '이문열'이라는 신호

작가 이문열이 마치 기다렸다는 듯이 당대의 현실 속으로 제 정치색을 불쑥 드러냈을 때 (대다수 상식적인) 사람들은 자못 놀라는 '시늉'을 하였지만, 시늉은 이미 그 자체로 오래된 현실의 일부였다. 그리고 배운 자들의 반응은 기껏 '뻘짓', '수구꼴통', 혹은 '시대착오적 가부장' 등으로 비난할 뿐이었다. 아무도 최고의 성가(聲價)를 지닌 이 재능이 함몰하는 자리를 밝히려는 분석적 노동에 정성을 보태지 않았다. 이것은 이문열 씨의 발화를 통해 드러난 정신적 대립이 한반도가 유지하고 있는 불안하고 불온한 '이데올로기적 매트릭스(ideological matrix)'의 한 축을 형성하고 있(었)다는 사실을 알리는 신호와 같은 것이다.

2. 역사적 매트릭스

사진관에서 사진 찍는 경험과는 달리, 배경(backdrop)은 현실과 나뉘지 않는다. 그런 뜻에서 역사는 언제나 '영향사(Wirkungsgeschichte)(가다머)'인 것이다. '억압된 것의 회귀(Aufwiederkommen des Verdrängten)'라는 정신분석학적 공리처럼, 역사는—개인사든 한 사회 전체의 집단사이든—제 나름의 원인과 변명을 먹고 살아간다. 그래서 심지어 '아이를 낳은 처녀'나 '희대의 살인마'나 '뻘짓을 하는 지식인'의 경우에도, 그를 바라보는 이웃은 '사회적 분노'의 시늉으로 떼를 짓기 전에 한 번쯤은 진지하게 그 사태를 낳은 '역사적 매트릭스'를 살펴야만 한다. 인간들의 사건은 늘 생각보다 복잡하고, 사회적 악한의 걸음도 제 질서 속에 놓이는 법이기 때문이다. 그러니까, 한반도의 삶을 이해하려는 지성이라면 'TK'를 이데올로기적 시늉 속에서 소화한 듯이 여기지 말아야 한다.

3. '너, 전라도지?'

'너 전라도지?'라는 이문열 씨의 발화는 응당 증상의 자기표현이다. 그는 이로써 찌를 곳을 정확히 찔렀지만, 그 손가락의 연원은 어떤 집단의 황망한 무의식으로 거슬러 오른다. 다 아는 대로 증상이란 자기만의, 그리고 자기다운 삶을 살아가기 위한 애환과 쟁투의 표식이다. 증상은 거친 비난과 원념(怨念)으로만 구성된 게 아니다. 그것은 때로 서글픈 구명(救命)의 애원인 것이다. 사람은 내남없이 이미 그 주체를 증상적으로 구성해 놓았기 때문에, 그 누구도 '증상이 없는 보편성'의 삶을 구가할 수 없으며, 이문열로 대변되는 TK의 지식인들도 이에서 예외가 아니다. 비유하자면, 증상은 망망대해에서 표류하고 있는 사람이 도리없이 붙들고 있는 스티로폼 박스와 같은 것이다. 그것은 호화 요트가 아니며, 종종 볼품없이 얽어놓은 뗏목만도 못한 것이다. 그러나 '주체는 증상적'이라는 말의 뜻처럼, 삶의 고해(苦海) 속을 표류하고 있는 자에게는 바로 이 엉성한 스티로폼이야말로 자신의 삶에서 포기할 수 없는 것(sine qua non)이다. 그는 익사하는 대신에 이 못난 스티로폼에 애착하며 스스로의 삶을 억척스레 도모하고 있는 것이다. 문제는 그 스티로폼(증상)의 꼴불견이 아니라, '그는 왜 여기에 애착하고 있는가?'이다.

'너, 전라도지?'라는 유아적 형식의 손가락질이 우리 시대 최고의 문학적 재능 중의 한 사람으로부터 나왔다는 사실은 의미심장하지만, 또한 동시에 이는 인간의 세상을 규정하는 그 범속한 전형성을 잘 보여준다. 이 턱없이 치졸한 발화법은, 만약 이것이 증상적이 아니었다면 불가능하다는 점을 다시 한번 증명하기 때문이다. 전라도라는 지적은 흔히 '지역감정'이라는 간이한 말로써 싸잡히면서 그 논의의 수준과 성격에서 근본적인 혼동이 생긴다. 이는 곧 경상도(대구)와 전라도(광주), 신라와 백제, 혹은 박정희와 김대중 등으로 환치되고, 그 환부를 놓친 채로 증상의 반복을 구동시키는 새로운 동력을 얻는 것이다. 아마도 이 환부를 절제하는 것은 이후로도 당분간 어려울 것이다. 세속의 한 부분은 언제나 편견들이 흐르게 만드는 역사적 매트릭스 속에 얹혀 있기 때문이다. 그러나 그 환부를 응시하고, 스스로의 언행을 조절하면서 이 매트릭스의 변화를 위해 더불어 걷는 것은 역시 언제나 가능한 일이다.

4. '너, 예수쟁이지?'

'너, 전라도지?'라는 지목은 '너, 빨갱이지?'라는 정치사회적 낙인효과가 얹히는 자리와 꽤나 겹친다. 그러나 '너, 예수쟁이지?'라는 지목은 늘 오해된다. 전라도-빨갱이-예수쟁이는 한 줄로 꿸 수 없는 정신문화적 생태권이긴 하지만, 이를 호명하는 주체가 TK일 경우에는 사정이 일변하는데, 사태의 알속을 이해하는 단서가 바로 여기에 있다. 실제로 이러한 지목의 주체로서의 TK는 전라도-충청도-서울로 이어지는 한국의 개신교 벨트로부터 얼마간 소외된 지역이다. 가령 내가 살아본 전주나 천안 지역에는 밀양이나 대구에 비하자면 개신교회의 수가 엄청나게 많아, 나로서는 일견 마치 '다른 나라'인 듯해 보이기조차 한다. 진산사건(辛亥珍山事件, 1791) 이후 천주교는 각지에서 들불처럼 번져갔고, 특히 다산 일가의 행적을 통해 널리 알려지기도 한 것처럼, 경기도와 충청도 일원에서는 그 전교세(傳敎勢)가 세계적으로 유례가 없는 성격과 열의를 보였지만, 당시 이황을 수장으로 하는 영남학파의 이데올로기적 지배가 공고했던 경상도 지역에서는 천주와 예수의 이름이 일절 발을 붙이지 못했던 것이다. 이제야 셋만 모이면 그중의 한 사람이 기독교인인 이 땅에서 '너, 예수쟁이지?'라는 언질은 이미 아무런 낙인의 효과를 얻지 못한다. 그러나 기독교인들도 이 땅에 정착, 번성해온 짧지 않은 세월의 굴절 속에서 낙인의 고역을 넘어왔다. 1920년경의 통계치만을 살피더라도 당시 천도교의 교인은 이미 300만 명에 이르렀지만 기독교인의 수는 불과 10만도 되지 못했으니, 남한사회의 급속한 압축 근대화의 뒤안길은 곧 기독교 세계의 압축성장과 연동되어 있었다고 해도 좋았다. (무릇 보편종교의 운명이 늘 그랬던 것처럼) 기독교도 늘 여인들과 기층민중들의 가슴을 파고들어 그 텃세권을 넓혀갔으므로, 이 종교가 단시간에 인구의 1/3을 점하는 폭발적인 팽창에 성공한 이면에는 유교권으로 대변되는 세력의 의고적 반동을 예상하지 않을 수 없는 것이다. 대개의 경우 우리는 '너, 예수쟁이지?'라는 지목의 매서움을 더 이상, 혹은 아예, 느끼지 못하고 살아간다. 예를 들어 전술했듯이, 전주나 천안에서 살아갈 때는 외려 비기독교인이 예외적 정서에 내몰릴 가능성이 높아진 현실이기도 하다.

5. '너, 빨갱이지?'

그러나 TK의 입에서 발설되는 '너, 예수쟁이지?'는 '너, 빨갱이지?'나 '너, 전라도지?'에 못지않은 낙인을 '의도'하고 있었던 것이었다. 다만 이 낙인은 이미 실효가 떨어졌으며, 청중은 그 의도조차 곡해하고 있었던 것이다. 그러므로 문제는 빨갱이와 전라도와 예수쟁이라는 상이한 대상들이 TK라는 반사실적 의고성의 주체와 대면하는 순간에 얻는 동질

성(Wesens • gleichheit)의 성격에 있는 것이다. 그렇다. TK를 이해하(려 하)지 않는 순간, 우리는 '빨갱이', '전라도', 그리고 '예수쟁이'라는 정치 사회적 낙인의 진정한 매트릭스를 볼 수 없게 된다.

TK란 무엇인가 2 : 의고적 교양주의와 쌍놈들의 세상

TK의 무의식은 공자의 이름자(孔丘)를 기휘(忌諱)한 것(大邱)과 묘하게 닮았다. 그 근본에서 이들은 몰락하는 계층의 자의식을 봉합하지 못하는 미봉(彌封) 속에서 굳어가거나 혹은 녹아내리고 있다. 그 자의식의 양단(兩端)은 이를테면 공자와 신자유주의 상혼이다. 언젠가 유행어처럼 나돌았던 '공자가 죽어야 나라가 산다'는 식의 캐치프레이즈는 그 한쪽의 서투른 확성(擴聲)에 지나지 못했지만, TK로 대변되는 그 나머지 한 끝은 이미 노골적인 확성에 호소할 수 없는 페시미즘을 붙들고 있는 셈이다. 새 시대의 흐름에 소외당하는 엘리트 기득권층의 전형적인 반응처럼, 그들은 과거의 권위와 미래적 변화의 양가성 속에서 이미 오랜 버릇이 된 포스처/제스처(posture/gesture) 속으로 경화하거나, 혹은 이미 거스를 수 없는 시장적 가치 속으로 편입되고 있다.

토크빌(Alexis de Tocqueville, 1805~1859)이나 오르테가 이 가세트

(José Ortega y Gasset, 1883~1955)와 같이 몰락하는 엘리트 계층을 대변하는 이들의 고민과 불안은 언제나 "대중의 전제나 민주주의의 폭정(tyranny of the majority, or the despotism of democracy)"[3]이며, 그것은 '피할 수 없이 다가오는 평등사회에 대한 믿음과 가장 좋았을 때의 귀족사회에 대한 여전히 남아 있는 동경'(같은 책, 91쪽) 사이의 갈등의 산물이기도 하다. 실은 노르베르트 엘리아스(Norbert Elias, 1897~1990)의 지론처럼 '최고의 귀족사회(aritocracy at its best)'가 성취한 제도와 행태는 자유민주주의 사회의 소비자 서민들이 상상할 수 있는 게 아니라는 사실 그 자체가 잘 이해되지 않는데, 바로 이 인식론적 저항이야말로 이런 종류의 논의를 어렵게 만든다. 그러므로 TK의 전통적 알짬이 호명하는 빨갱이를 정치적 이데올로기로 흡수하려는 해석은 겨우 절반의 진실에 불과한 것이다. 그리고 그들에게 있어서 전라도는 다만 '지역색'이 아니며, 마찬가지로 예수쟁이는 특정한 종교를 지칭하는 게 아니다. TK의 시야에 포착된 빨갱이, 전라도, 그리고 예수쟁이의 풍경은 한마디로 특권계층의 전통적 교양, 미학, 그리고 그 제도에 영영 가 닿을 수 없는 어떤 비루(鄙陋)한 대상으로 해석된다. 어떤 계층의 시야 속에서 포착되는 아름다움은 오직 전통적 교양의 격조와 양식에 있을 뿐이다. "아니, 미안해요, 나는 나 자신과 같은 사람들을 귀족이라고 여기지요. 최소한 3~4대 이상의 명

---

3) Joseph Esptein, Alexis de Tocqueville (New York: Harper Perennial, 2006), p. 43.

예로운 문벌의 전통을 지니고 있고, 높은 교육 수준을 유지하고 있으며, 그 누구의 앞에서도 꿀리지 않고, 그 누구에게 의지해본 적도 없으며, 오직 내 아버지와 내 할아버지가 살았던 방식으로 살아가는 사람이지요."[4]

TK에 대해서 퍼져있는 가장 흔한 오해 중의 하나는 그들이 세상을 보고 품평하는 그 시야의 궤선과 잣대를 '이데올로기적으로' 정치화하는 것이다. (물론 이는 한반도의 근현대사가 처했던 지정학적 굴곡과 피해를 상상해보면 의당 납득할 수 있는 의식의 물매다.) 이로써 '몰락하고 있는 이 엘리트 계층'이 진정으로 욕망하고 있는 속내를 놓치게 된다. 톨스토이의 귀족들이 "명예로운 문벌의 전통과 높은 교육 수준"을 말하는 것처럼, '교양교육의 향수' 속에 깃든 그들의 정체성과 그 자부심을 감안하지 않을 경우 TK가 주체가 되어 호명하는 대상들이 어떤 정신문화적 기울기 속으로 내몰리며 축출당하는지를 제대로 이해할 수가 없다. 요컨대 이 대상들—빨갱이, 전라도, 그리고 예수쟁이—은 이데올로기적 배치나 그 평가 속에서 타매되기 이전에, '가장 좋았을 때의 귀족(양반)사회에 대한 여전히 남아 있는 동경'의 눈매로써 폄훼, 왜곡당하고 있는 것이다.

---

4) Leo Tolstoy, Anna Karenina, tr. Louise & Aylmer Maude, (Oxford: Oxford U. Press, 1995), p. 172.

상식적으로 볼 때 빨갱이와 전라도와 예수쟁이를 관통하는 공분모는 무엇일까? 예를 들어 애초 향토의 사족(士族)이나 지주 계층에게 피부적으로 와닿은 빨갱이(하급 전사나 조직원들)는 어떻게 표상되었을까? 이들 사이의 비극적 접면이 단지/주로 이데올로기적 투쟁으로 채색되었던 것일까, 아니면, 그것은 넓은 의미의 생활양식(Lebensweise)의 차이, 혹은 문화적 수준이나 취향의 차이 등이 극단적으로 상호소외되는 자리가 되었을까? 조정래의 『태백산맥』을 통해 강한 캐릭터로 내 독후감에 인상적으로 남아 있는 염상진은 남로당 군당위원장인데, 일제강점기에는 적색 농민운동을 주도했고, 결국 빨치산 운동의 선봉에서 활약하다가 투항을 거부한 채 수류탄으로 자살하는 이데올로기적 기상이 거센 인물이다. 그러나 그를 묘사하는 결정적인 문장은 오히려 '제 애비가 지게숯 장사를 해먹은 쌍놈'이라는 곳이다. 이들에게 빨갱이는 이데올로기의 각축장이기 이전에 우선, 그리고 무엇보다도 '쌍놈'들—아바이 동무, 오마니 동무, 라고 부를 수 있는—이 아니었을까.

그러면 현달한 사족의 입장에서 보는 예수쟁이는 무엇이었을까? 유명한 진산사건(珍山事件, 1791)의 윤지충(尹持忠, 1759년~1791)은 정약용과도 내종사촌 간인데, 중국을 다녀오면서 천주교의 견진성사를 받고 돌아온 후 모친상을 치르는 중에 모친의 궤연(几筵)을 헐고 위패까지 없애버렸다. 이 사건에서 주목할 것은, 이후 조선 정부가 이를 처리하는 과정에서 윤지충이나 이에 동조한 그의 외종 권상연 등만 처벌한 게 아니라 그들의 거주지인 진산군(郡)을 진산현(縣)으로 그 등급을 낮추어 부르도록 한 사실이다. 한마디로, '비루한 쌍놈'의 짓으로 판정한 것이다. 윤지충 등이 더 이상 등장할 수 없는 시대였더라도, "지금 막 태동하는 이 (예수쟁이) 종교는 여러 가지 면에서 여자와 아이들의 운동이었다고 할 수 있"[5]으며, 이는 당연히 유교적 주체들의 교양과 취향, 그리고 미학에 어울리지 않았다.

그러면 전라도에 대한 폄하의 기원, 혹은 그 연원은 무엇일까? 전술했듯이, 이 문제를 버릇처럼 정치화해서 '전라도=빨갱이'로 치환하는 이데올로기 전략 (혹은 신라-왕건-박정희 등을 한통속으로 지목하는 정치화의 시선) 등은 이 문제가 장삼이사의 일상 속에서 꺼지지 않고 반복되고 있는 사태를 제대로 설명하지 못한다. 이는 TK가 발원지가 되어 모방-재생산되어 온 이 누명의 '일상화'를 제대로 설명할 수 없을 뿐 아니라, TK 역시 역사적으로 이 적색 콤플렉스에서 면제받은 곳이 아니기 때문이다. 우선 말투에 대한 시비다. "최근 인기리에 방영되고 있거나 방영됐던 KBS와 SBS 드라마에서 호남 사투리를 쓰는 사람이 비정상적이거나 사기꾼으로 묘사된 것에 대해 전라남도에서 전라도 사투리를 바로 쓰

---

5) 어네스트 르낭, 『예수전』, 이형 옮김 (정음사, 1985), 88쪽.

자며 방송작가협회에 건의문을 보내 관심을 모으고 있다."(미디어오늘, 2020.02.04) 내 개인의 경험에서도 그랬지만, 전라도 폄훼의 일선에 늘 등장하는 단골 메뉴는 그 말투에 대한 인상이다. 대중이 특정한 지역에 대한 폄훼에서 그 말투를 꼬집는 것은 극히 '대중적'이라는 사실에 우선 주목해야 한다. 요컨대 이 사실은, 그들은 그들이 하는 짓(말)을 최소한 다 알지는 못하고 있다는 점을 여과 없이 드러낸다. 여기에서 파롤의 수행이 개인들의 경험적 단층에 응결된 공시적 풍경일 뿐이며 문제의 핵은 역사적-계보학적 분석이라는 식의 재바른 반론은 다시 '(과도)정치화'의 오류를 반복하는 셈이 된다. 오히려 TK를 중심으로 한 비전라도 지역의 사람들이 '일상적으로', '경험적으로', 그리고 '문화와 취향의 사회적 감각'(피에르 부르디외)에 의해서 그 말투와 말씨를 폄훼하는 그 집요한 행태를 문제시해야 한다. 실마리는 정치사가 아니라 일상사다. 그러면 그들이 여전히 숨겨둔 전라도의 '죄'는 무엇인가? 물론 그것은 '쌍놈'이라는 시대착오적인 낙인이다.

　　TK는 한반도의 고전 교양의 유택(遺澤)을 담지한 주체로서 긴 세월의 자부심이 체득된 곳이다. 이들의 정신적 뿌리였던 유교 이데올로기는 한국적 압축-청산-편파 근대화의 물결 속에서 수모를 겪고 훼상당하였지만 소멸한 것도 아니었고, 또한 그처럼 속히 소멸될만한 잔뿌리로 이루어진 것도 아니었다. 조선만을 꼽아도 반 천년의 세월에 걸쳐 불교 등의 종교문화나 여타의 습속을 성공적으로 억압하면서 당대의 지배 이데올로 기로서, 그리고 그 이데올로기를 체화하는 인문주의적 교양으로서, 녹록 지 않은 역할을 해왔던 것이다. 이들에게 있어서 이 교양의 문화는 비록 그 사회적 실효(Geltung)가 나날이 떨어져가고 있는 와중에서도 그 실존 적 의미(Bedeutung)만은 녹슬지 않은 것이다.

우리는 '제 뜻이 늘 옳다고 믿는' 자시지벽(自是之癖)을 일러 앎을 먹 고 살아가는 자들의 폐습이라고 말한다. 그러나 자시지벽은 달리 말해 서 자기 확신이기도 하고, 이 글의 맥락에 얹어 말하자면, 특별히 장기 간 문화교양의 주체로서 그 상부구조적 언설들을 체화해온 의고주의자 들(old-school)의 세계관이 몰락하는 가운데 스스로 경화(硬化)하는 외 적 형식이기도 하다. '교양과 취향의 장벽은 신분적 차이 중 가장 내면 적이고 넘기 힘든 것'(막스 베버)이라고 했지만, 오늘날의 TK는 이 작은 반도국가에서 의고적 교양주의를 배경으로 보수적 취향의 정치성을 알 뜰하게 챙기고 있는 곳이다. 그리고 바로 이 취향의 완고함 속에서, 어쩌 면 그들에게 비치는 타자들의 세상은 이미 (차마 말할 수 없는) '쌍놈'들 의 것인지도 모른다.

인명 색인